FIFA WORLD CUP
Brasil
国际足联中国唯一合作平面媒体
体坛周报

**1934**

1934年6月10日，首次参加世界杯的意大利队坐镇主场罗马城，经过加时赛以2比1力克捷克斯洛伐克队，初夺金女神杯。

**1938**

1938年6月19日，意大利队远征巴黎在哥伦布球场4比2横扫匈牙利队，成功卫冕，"蓝衣军团"主帅波佐（Vittorio Pozzo）居功至伟。

**1950**

第二次世界大战后，意大利队以卫冕冠军身份出征巴西队，结果出师不利，小组赛首战2比3负于西班牙队。

**1954**

1954年瑞士世界杯，意大利队在D组的战绩为1胜2负，仅积2分（位居小组第三），未能出线，如此糟糕的成绩令人汗颜。

**1962**

1962年世界杯小组赛B组次轮，东道主智利队2比0战胜意大利队，双方球员动作粗野、大打出手，最终警察出动才制止殴斗。

**1966**

1966年英格兰世界杯D组小组赛最后一轮，意大利队成为亚洲新军朝鲜队脚下的牺牲品，朴斗一的进球将"蓝衣军团"淘汰出局。

**1970**

1970年世界杯决赛，意大利队长法切蒂与巴西队长卡洛斯·阿尔贝托均有机会永久保留雷米特杯。

意大利中场球星马佐拉（Sandro Mazzola）因在半决赛与西德队的缠斗中体力透支，难以在决赛中发挥出应有水平。

意大利前锋里瓦（Gigi Riva）向弱旅海地队的后防线施压，结果意大利队以3比1胜出，这也是他们在1974年世界杯上的唯一一场胜利。

在1978年阿根廷世界杯上，意大利钢门佐夫（Dino Zoff）的出色发挥帮助"蓝衣军团"晋级四强（季军战中1比2负于巴西队）。

1982年世界杯决赛，意大利前锋保罗·罗西先拔头筹，"蓝衣军团"干净利落地以3比1击败体力已经严重透支的西德队。

马尔科·塔尔代利（Marco Tardelli）在决赛中为意大利队攻进第二个进球，他的庆祝动作成为意大利足球史上的最经典瞬间。

阿尔托贝利、卡布里尼、西雷阿和詹蒂莱庆祝意大利队夺得第12届世界杯冠军，这是"蓝衣军团"第3次摘得此项赛事桂冠。

意大利"金童"保罗·罗西成为本届世界杯的最大赢家，他一举将3座奖杯揽入怀中（世界杯、金球奖和金靴奖）。

1986

意大利前锋加尔德里西（Giuseppe Galderisi，左）顶替江河日下的罗西充当锋线杀手，但事实证明，他还不够资格。

意大利前锋阿尔托贝利在揭幕战中上半场尾声先拔头筹，可惜意大利队晚节不保，在比赛结束前5分钟被保加利亚队追平比分。

斯基拉奇（Salvatore Schillaci）在1990年世界杯半决赛率先破门，让阿根廷门将戈耶切亚望球兴叹。

迅速升起的新星斯基拉奇虽然未能帮助东道主意大利队夺取世界杯，却意外地将两项个人奖项（金球奖、金靴奖）收入囊中。

**1994**

在1994年美国世界杯中，"神奇的马尾辫"罗伯特·巴乔凭借着个人的出色表现带领疲惫不堪的意大利队艰难地闯进决赛。

巴乔在关键的点球决战时刻将球踢飞，拱手将冠军送给桑巴军团，让意大利队第4次夺取世界杯的美梦灰飞烟灭。

本届世界杯对于巴乔来说似乎是永远的痛，他的表现几乎完美无缺，却在最后一刻留给球迷一个凄凉落寞的背影。

平心而论，意大利队在整个1994年世界杯期间表现不尽如人意，只有巴乔表现出色，可惜他无法一个人撑起整支球队。

1998年世界杯B组首轮，意大利队1比2落后于智利队，巴乔在比赛还剩6分钟时冷静罚进自己创造的点球，帮助球队追平比分。

1/4决赛对阵法国队，中场迪比亚吉奥（Luigi DI Biagio）踢出的点球击中横梁，意大利队连续三届世界杯败于点球大战。

2002年韩日世界杯1/8决赛，厄瓜多尔主裁判莫雷诺让意大利队吃尽苦头，他将托蒂罚出球场。

韩国前锋安贞焕在意大利后卫马尔蒂尼的严密防守下头球建功，以2比1的比分将对手淘汰，韩国队凭借东道主的便利晋级8强。

**2006**

2006年德国世界杯决赛，意大利后卫马尔科·马特拉齐（Marco Materazzi）高高跃起，头球将比分扳平。

输惯了点球决战的意大利队终于一雪8年前的仇恨，将齐达内领衔的法国队拉下神坛，第4次获得冠军。

齐达内职业生涯的谢幕战以不光彩的方式告别，而马拉特齐成了连带受害者，这是他辱骂齐达内所付出的代价。显然，马特拉齐也不是善类。

意大利队夺得2006年世界杯归功于主教练马切洛·里皮的战术运用，他每场比赛均采用不同的阵型。

2010年世界杯F组第3轮，意大利队2比3不敌斯洛伐克队，"蓝衣军团"低迷的状态令人失望，而且与对手冲突不断。

小组赛战罢，身为卫冕冠军的意大利队2平1负，小组垫底，日益老迈的"蓝衣军团"终于到了应该换血的地步了。

THE WORLD CUP HISTORY
OF ITALY

# 世界杯冠军志之意大利

体坛传媒◎编著

执笔记者：彭雷

西南财经大学出版社
Southwestern University of Finance & Economics Press

推荐序一

# 只有足球可以

张　斌

我们大多数人没有能力追赶时间，只是被时间推着向前而已。四年，要多快有多快，又是一届世界杯即将开赛了。我脑海中不断有一个场景蹦跳出来——清晨，巴黎街头，我快速地奔向国际电视报道中心，还有个片子等着我去编辑。这就是1998年法国世界杯期间我的工作。当时几乎每一天都是这么过去的。对了，还有一个场景——2010年南非世界杯期间，在中央电视台的世界杯系列节目《豪门盛宴》的演播室中，同事告诉我，阿根廷队和德国队比赛的那一晚，北京长安街上的车格外少。大约半个月之后，我们拿到的收视材料显示，那一晚进行的阿根廷队与德国队的比赛是南非世界杯在中国大陆地区收视率最高的一场比赛，而且比赛开始的时间为北京时间22：00，时间好得不能再好了。

每当这时，就会有很多记忆的碎片被我在脑海中拼凑起来。但总执拗怀旧不是事，会让人嬉笑为老人家的。可是，世界杯不就是不停地怀旧嘛，谁是冠军一定那么重要吗？我们要的不就是传奇嘛。

国际足联说，在南非世界杯期间，全世界最少有60亿人次坐在电视机前老老实实地看了比赛，国际奥委会也会有类似的数据证明奥运会的收视率之高。其实，世界杯与奥运会，不必争个高下，两者是完全不同的庆典。但是，足球作为一项运动很有必要与同类不断比肩，那么，足球这个"第一运动"的称号还有意义吗？闷头发展挣大钱不就成了吗？"第一"的称号其实啥也换不来，不过是我等热爱足球的人的心理感受罢了。这一刻我想起了前皇家马德里俱乐部主帅穆里尼奥的最新格言——"足球，就是人类情感的总和。"

我的这篇推荐序的题目一定会遭到其他运动热爱者的不屑，"只有足球可以"，到底可以什么？坦白讲，我并非回答这个问题的最佳人选。但我知道，世界杯是唯一可以搅动世界，让其在一个月之中为之持续沸腾的比赛。看着欧洲冠军杯比赛深夜里的欢腾，我一直在比对其与世界杯的异同，我依然不是回答这个问题的最佳人选，但我知道那份强大的情感关联的存在感。

读书，不是件容易的事情。太多的书，需要我们去选择。我羡慕《体坛周报》的世界杯系列图书的出版，更羡慕他们旗下那些分布在世界各地的足球观察者们，他们身处异乡，在那里足球已是国家、民族的精神血脉。我很少在江湖走动，见识渐少，行万里路的想法总被自己牵绊。我买过英国人写的几个版本的世界杯史话，文字密密麻麻，有些排版很古典，但是坚持每四年更新版本，我想那几乎是英国足球迷们的国民读物了吧。

我期待着，《世界杯冠军志》未来也能有此功效。此书尚不得见，期待它很扎实、很精美，让我们随时可以从某一页翻起就进入一段历史岁月。谢谢所有作者，安静地写段历史，该是很有意思的，你们如若满意了，我们读起来就会饶有兴趣的。在这个夏天，足球也可以让我们重新找回阅读的快乐和冲动，谢谢世界杯。

（本文作者系中央电视台赛事频道编辑部主任）

推荐序二

# 没有什么比足球更美妙

米　卢

　　足球世界里最盛大的表演即将在最了不起的足球王国巴西上演。对足球迷而言，没有什么比这更美好了！

　　相信许多人都知道，我和世界杯有着特殊的缘分，从1986年到2002年，我曾经率领5支不同的球队征战过世界杯，12年前与中国男足一起出征韩国西归浦，这些始终都是我生命中最难忘的回忆。

　　中国人讲究12年一个轮回，12年过去了，或许中国国家队没有再能获得更多的机会，我本人和世界杯的缘分也没有续写新的篇章，但中国球迷对世界杯的热爱却与日俱增，而作为我和球迷共同的老朋友——《体坛周报》，也始终战斗在世界杯报道的前沿阵地。

在巴西世界杯的舞台上，所有8支曾经成功捧杯的球队都将悉数亮相，豪门对决，快意恩仇。《体坛周报》的朋友告诉我，他们将借此机会推出一套冠军丛书，向所有中国球迷讲述属于冠军们的故事。在我看来，对所有中国球迷而言，这都将是一份意义非凡的礼物，它不仅讲述了许多鲜为人知的精彩故事，更揭示了属于胜利者的成功秘诀。

在我看来，这个世界上没有什么比足球更美妙的东西了；生活中，也没有什么比享受足球更重要的事了。打开这本书看到这段话的中国球迷们，你们即将欣赏到足球世界里最激动人心的传奇故事。

（本文作者系著名足球教练）

推荐序三

# 《体坛周报》与世界杯同成长

张敦南

　　世界杯这项世界上最盛大的足球赛事见证了《体坛周报》的成长。

　　《体坛周报》创刊于1988年，迄今逾1/4个世纪，无论在国际还是国内，这个历史都不算太久。1998年，第16届世界杯，《体坛周报》才第一次派出记者现场采访，团队规模为3人。2002年世界杯，欣逢中国队历史性出线，《体坛周报》特派记者组骤增至20余人，《体坛周报》也第一次在大赛期间出版日报，并为此广招人才，他们中很多人日后成了《体坛周报》的精英骨干。

　　虽然中国队此后再未出线，但《体坛周报》的世界杯报道继续升级。2006年，《体坛周报》第一次在世界杯报道中采取"跟队"战术，每支强队都有特派记者全程追踪。2010年，大批外国特约记者加入《体坛周报》报道团队，奉献了"梅西过生日"等独家图文报道。

正是在与国际媒体"同场竞技"的过程中，《体坛周报》迅速成长起来。如今，《体坛周报》是国际足联及世界杯的官方合作伙伴，是法国《队报》等世界知名体育报的版权合作媒体，拥有国际足联金球奖的中国媒体唯一投票权，是"金足奖"评委会成员，2013年还创立了"亚洲金球奖"评选活动。

通过多年建立的关系网，《体坛周报》在国际足球领域做出了真正的独家新闻，如2003年全球首发"贝克汉姆将加盟皇马"等新闻。《体坛周报》的影响力也与日俱增，2012年欧洲杯期间，德国足协少有地安排国脚专访，当时只让三家国际媒体到场，除了法国《队报》和意大利《米兰体育报》，还有就是《体坛周报》。

值此2014年世界杯临近之际，《体坛周报》与西南财经大学出版社、北京亨通堂文化传播有限公司携手推出《世界杯冠军志》系列图书，尽述世界杯七大冠军之风云，实乃盛事一桩。《体坛周报》的国际足球报道团队从业时间几乎都在十年以上，亲身经历过无数场比赛、无数次采访，他们为世界杯冠军立传，定能提供独到视角。

撰写阿根廷卷的程征是《体坛周报》最资深的国际足球记者。

1986年世界杯，他曾现场见证了马拉多纳的"上帝之手"和"连过五人"。他和巴西卷作者小中，都是中国现在仅有的阿根廷足球和巴西足球专职记者。

赵威（法国）、彭雷（意大利）、梁宏业（西班牙）、王恕（德国）都是常年旅居欧洲的《体坛周报》记者。每个人的写法都有独到之处，赵威在述史中融入了他对当事人的采访；彭雷的意大利卷集合了各种趣事，绝对让你大开眼界；梁宏业没有拘泥于历史记录，而是将西班牙队、西班牙足球和皇马巴萨的前世今生联系起来；王恕的德国卷重点描述了一些幕后故事，如1974年世界杯上所谓的"贝肯鲍尔夺权"等。

如此系统、深入地梳理世界杯历史，在中国是破天荒之举。看了作者们的书稿，我才发现，很多熟知的"历史"不尽不实。例如1950年美国队1比0胜英格兰队，堪称世界杯史上最大冷门，事后出现了很多嘲笑英格兰队的报道，流传至今。本报驻伦敦记者刘川特地泡在大英图书馆查资料，发现很多"轶事"只是段子。对于想洞察历史真相的足球迷来说，这套书不容错过。

向辛苦写书的同事们致敬，向所有读者致敬。

祝享受世界杯、享受足球！

（本文作者系体坛传媒集团董事长）

**推荐序四**

# 你为什么爱意大利队？

梁熙明

2007年巴乔第一次来到中国做私人访问，在欢迎宴会上，风情万种的电视台美女主持人袅袅婷婷地对巴乔说："我是看着您踢球长大的。"那时候的巴乔已是满头银丝。

中国开始转播世界杯以来，关于世界杯的各类书籍汗牛充栋，意大利队又是各强队中广受欢迎的一支，意甲在中国有着最深厚的人气，所以我相信，你看过的关于世界杯和意大利队的各类书籍、杂志、影像资料，已是数不胜数。

即使是最"初级"的意大利球迷，也知道梅阿查是谁（我不是打算澄清"AC米兰只称圣西罗，国际米兰只称梅阿查"那个愚蠢可笑的网络传言），也肯定知道1982年的民族英雄是保罗·罗西，他是因为卷入赌球丑闻停赛两年才复出的。至于巴乔、巴雷西、马尔蒂尼、皮耶罗、托蒂、内斯塔、卡纳瓦罗、布冯、因扎吉、维耶里……你和我，还有那位美女主持一样，是看着他们踢球长大的吧？连那个远不能跟他们相提并论、不成器的小因扎吉，也有女球迷为他专建论坛。

那么你觉得意大利队还有什么是你不知道的？

在回答这个问题前，我先提出另外一个问题：你为什么看意大利队比赛？或者说，你为什么爱意大利队？

这问题好像有点难度。是因为球踢得好看？这种说法你肯定不认可，因为意大利队是以"防守反击"闻名的，在各类足球普及文学读物中，防守先天跟丑陋画等号，而且你也肯定知道，意大利队历史上没少发生丑陋的事，比如打架，等等。

那是因为球星众多？你如果仔细看看意大利队的世界杯战绩，就会发现其实他们好像经常在小组赛就被干掉，比如1966年被朝鲜队打败……逻辑上来说，如果都是猛将，这个队不会不经打。

那又是因为帅哥云集？确实，1998—2006年的意大利队，在每次大赛上都足以称为男模队，但似乎女球迷对此比较感兴趣。

所以，我希望你好好读一下这本书。这绝不是又一本你都知道的意大利队世界杯征战史，或是比赛的文字回顾，或是把已耳熟能详的那些历史事件又重复一遍。这本书先说的是意大利，然后再是世界杯。只有先了解意大利，了解意大利人，才能深刻地体会意大利人为什么是意大利人（对不起，这么说有点拗口）。或者说，对为什么意大利足球是现在这个样子，而不是另外一种样子，你会有自己的答案，会对他们的四座世界杯有真正的感悟。

现在，请拉上窗帘，坐在桌前，只开台灯，冲上一杯卡布奇诺，慢慢地翻开第一页……

（本文作者系《体坛周报》国际足球部主笔）

前　言

# 蓝色的故事开始了

　　地中海的那一抹深蓝，是亚平宁足球的标志。毫无疑问，在当今的足球世界中，深蓝色的球衣是意大利国家队的经典标志。而在意大利国家队100多年的历史上，除了蓝色，还曾经出现过白色和黑色的队服。

　　巴西队的黄色、荷兰队的橙色、法国队的蓝色，这些足坛强队的代表色，都能在其国旗颜色中找到。但是，意大利国旗是绿白红三色，意大利国家队乃至体育界的标志——蓝色，到底从何而来？

　　时光要追溯到1366年6月20日，萨沃亚公国（后成为意大利王国）的大公阿梅德奥六世在一次十字军出征中，提供了17艘战舰和2000名士兵。在出发仪式上，阿梅德奥六世要求水手们摇动萨沃亚公国红白十字旗帜的同时，也佩戴一条蓝色的水手巾——传闻这是他的个人喜好。从此，蓝色成为萨沃亚公国在各种官方活动中逐渐开始推行的颜色，尤其多用在围巾和头巾上。1572年蓝色被写入公国章程。

1861年意大利统一，随着以萨沃亚家族为核心的意大利王国的建立，蓝色围巾开始成为意大利军队在各种庆典仪式上的必备品。19世纪末20世纪初，意大利的一些运动队开始用蓝色为球衣的主要颜色。这种蓝色有了一个专门的名词——"萨沃亚蓝"。萨沃亚公国昔日的旗帜也有80%的蓝色。到了今天，人们更习惯称它为"意大利蓝"。

不过，意大利国家队队服的颜色最开始是白色。1910年5月15日，意大利队在历史上第一场正式比赛中，以6比2战胜法国队。当时法国队队员身穿蓝色队服，意大利队队员穿的则是白色队服。意大利足协直到1898年才正式成立，总部先设在都灵，后来迁移到米兰。这期间必须走很多程序，大家也都没太在意球衣颜色的问题。当时，大家对国家队的概念也不强烈，并且，一直没有正式的国家队比赛，所以，确定颜色也没太大必要。

意大利"足协选拔队"的第一场比赛是1899年4月30日与瑞士队在都灵的那场比赛，结果是"意大利队"0比2负于瑞士队。那场比赛所谓的"意大利队"中只有3名本土球员，其他都是在意大利踢球的外籍球员。意大利队的球衣颜色为蓝白相间，这是当时热那亚队队服的颜色。足球是从热那亚海港传入意大利的，热那亚队也是意大利最早的足球俱乐部。这蓝与白的组合奠定了意大利队队服未来的色调。

言归正传，1910年与法国队比赛的意大利国家队是第一支全部由意大利本土球员组成的足协代表队，也是真正意义上的国家队。比赛在即，法国队穿蓝色队服早已确定，意大利队最后选了白色队服。为什么选白色？这里有几个说法。

第一是没有确定到底用什么颜色，索性就用白色，不用染色。

第二个说法与普罗韦尔切利队有关。当时在意大利足球界，普罗韦尔切利队（Pro Vercelli，1892年成立，在2012—2013赛季从意乙联赛降到丙级联赛）是超级强队，堪比日后获得五连冠的都灵和尤文图斯队。普罗韦尔切利队在1908年到1922年间七夺联赛冠军（但不是正式的意甲职业联赛），在1908年至1913年差点就创造六连冠的意大利足球历史，可惜最终在1909—1910赛季的争冠附加赛中败于国际米兰。普罗韦尔切利队的球衣颜色是白色，所以意大利国家队队服也采用了白色。

第三个说法是，足协在向普罗韦尔切利队道歉和致意。1909—1910赛季，此前已经两连冠的普罗韦尔切利队遭遇了刚从AC米兰队分裂出来的国际米兰队，两队最终在赛季末并列榜首，只得打附加赛。这也是意大利足球历史上第一场正式附加赛。这场比赛可谓故事多多。

　　附加赛之前，普罗韦尔切利队以已经安排了一些友谊赛为由，要求推迟附加赛，其实也有点不屑于与国际米兰角逐冠军的意思。老牌劲旅认为冠军只属于自己，国际米兰仅仅是运气好点罢了。但是最后，足协推迟了冠军附加赛，而普罗韦尔切利队所谓的友谊赛也没打。

　　足协将附加赛安排在了1910年4月24日，但普罗韦尔切利队又一次要求推迟比赛，因为队中三名绝对主力要去为军队踢一场球。国际米兰这次强硬了——不同意。足协也受够了普罗韦尔切利队的强势姿态，而且足协正在安排对法国等队的国家队友谊赛，所以拒绝了延期。

　　普罗韦尔切利队怒了，俱乐部主席博齐诺可是当时足坛第一大佬，日后他更将入主足协，成为第一位国际足联的意大利籍副主席，也是创立世界杯的雷米特的好朋友。于是，普罗韦尔切利队直接派少年队（11岁年龄组）去和国际米兰成年队较量，结果是3比10。"意甲冠军"归属国际米兰，普罗韦尔切利只拿到一个"意大利冠军"（当时没有外籍球员的球队中排名最高者）聊以自慰。

　　这里不得不提到另一场意大利足球历史上的经典附加赛。50年后的1960年，国际米兰队不满足协判罚，在冠军附加赛中派上青年队，和尤文图斯队打成1比9。不过那好歹是青年队，让小孩子上场，能打成3比10也够让人惊讶的了。

　　麻烦还没完，因为派少年队出场，普罗韦尔切利队从上到下被意大利足协禁赛到1910年年底（后到10月提前解禁），所以对法国队的比赛中，没有一名来自普罗韦尔切利队的球员。其实，足协也对禁赛后悔了，这大大影响了国家队处子秀，国际米兰队基本都是外籍球员，而最好的本土球员都在普罗韦尔切利队。为了缓解双方关系，国家队选用了白色球衣，算是致意普罗韦尔切利队。实际上，此后几年，意大利国家队90%的球员都来自普罗韦尔切利队。

与法国队比赛后，意大利队的第二场比赛是客场拜访匈牙利队。当时匈牙利队和奥地利队代表着世界足球的最高水平，意大利队毫无疑问地惨败，也是这种惨败让足协下决心提前解禁普罗韦尔切利队。

1911年1月6日，这次是主场对匈牙利队，普罗韦尔切利的球员们悉数出战，足协也无须再"致歉"了，球衣颜色开始向当时意大利北方的萨沃亚王朝"致意"，萨沃亚蓝开始成为意大利国家队的主色调。最初这种蓝色是天蓝色，随后几十年，湛青、亮蓝等颜色都被尝试过，最终发明了"AZZURRI（深蓝色）"，这成为专门指代意大利的颜色，不仅仅是足球，在各种体育项目中，那一抹蓝色都代表着来自亚平宁半岛的人们。

时至今日，意大利国家足球队的主场球衣依然是蓝色，创立之初的白色始终是第二套球衣的颜色。这一点倒是和法国人正好相反。法国人与意大利人在足球上的对立真可谓有百年历史。2006年世界杯决赛那场蓝白大战，正是意大利队挑中了主场，才成全了蓝色的"意甲天下"。

至于意大利队球衣史上的第三种颜色——黑色，则是法西斯独裁者墨索里尼的发明了。1938年第三届世界杯的资格赛与首场比赛，意大利队分别对阵挪威队和东道主法国队，结果分别以2比1和3比1取胜。这两场比赛中，当时的国家元首墨索里尼要求意大利队身穿黑色球衣，因为墨索里尼建立的法西斯党当时习惯身穿黑衫，被称为"黑衫党"。随后由于国内球迷的反对以及国际足联的施压，墨索里尼放弃了在这种"小事"上的计较。在他看来，胜利和夺冠才是法西斯政权需要重视的。随后的比赛中，意大利队的蓝色球衣又回到了赛场上。

还有一个小插曲。1994年，在球衣赞助商的压力下，意大利21岁以下青年队尝试了一次玫红色球衣，毕竟球衣漂亮一些，也便于赞助商制定销售策略。但是这次尝试在意大利国内引起公愤，骂声一片。最终，意大利足协顶住赞助商的压力，保持了蓝白传统。直至今日，意大利队有各种赞助商，球衣有各种款式，各种材质，但蓝军永远是蓝军。

在欣赏这段漫长的蓝色历史之前，请允许我对为本书写作做出贡献的人们表示感谢：感谢王勤伯从意大利专门邮寄资料回来助我成书；感谢骆明后期的校验；感谢梁熙明、徐鑫炜、黑玉、王惠、彭泽民、武树芳和林良锋诸位的专业指导和启迪。最后，感谢爱人和女儿的大力支持，为了成书牺牲了不少陪伴家人的时光。

# 目　录

**一、波佐奠定蓝军起步基石　001**

　　做主帅不要工资　002

　　"一战"的洗礼　005

**二、墨索里尼的政治足球　007**

　　喜爱足球的党魁　008

　　梅阿查闪亮登场　010

**三、本土首捧世界杯　013**

　　强的不来，来的不强　014

　　要么夺冠，要么吃枪子儿　015

**四、卫冕，不靠法西斯　019**

　　皮奥拉——梅阿查的好帮手　020

　　这次决赛很轻松　022

**五、公牛的血蓝色的泪　025**

　　1950年至1958年，一届比一届差　026

　　大都灵时代的崛起　028

"宇宙队"都灵应邀前往葡萄牙  031

风雨中的死亡航班  033

拼遗体，靠波佐  035

## 六、"雇佣兵"的尴尬  039

联赛初期，规则不严  040

"阿根廷人"帮意大利队夺冠  043

切萨里尼区域  045

乌拉圭球星成世界杯出局替罪羊  047

外援大门关闭，当打之年的雇佣兵们懊悔不已  049

21世纪重开外援大门  051

## 七、圣地亚哥之战  055

大地震无法阻挡世界杯的举办  056

意媒贬低智利，埋下祸端  058

意大利内部混乱不堪  061

拳击手胖揍意大利人  063

骂智利，也骂英格兰  066

## 八、被朝鲜牙医惩罚  069

"击败意大利队只是正常发挥"  070

主帅拒招国际米兰主力  071

俱乐部斗争闹到国家队  074

10人打11人被爆冷  076

"问责门"后，主帅成罪人  078

**九、1970 年阿兹台克的世纪大战 083**

新主席、新主帅和新冠军 084

一胜两平，小组第一 086

惨烈的半决赛 088

一个睾丸引发的故事 090

里维拉总被批评 092

"接力棒"的发明 094

回国，媒体被球迷围攻 096

**十、更衣室起义，1974惨败 099**

小组淘汰更因内乱 100

卡佩罗，温布利英雄 102

拉齐奥帮起义 105

三届世界杯赛看客的闹剧 107

一代球星的悲剧谢幕 109

**十一、媒体惨败，国家队复兴 113**

贝老爷子的疯狂革命 114

贝阿尔佐特的登场 116

笑呵呵的"润滑油"领队 118

拒送阿根廷人情 121

惜败荷兰队与巴西队 124

**十二、金杯，一个国家的自我救赎 129**

"赌球门"席卷亚平宁 130

媒体与贝帅彻底闹翻 133

小组赛三平出线 136

连斩三敌闯入决赛 139

决赛轻松击败西德队 142

用金杯回敬所有质疑 144

十三、"烟斗教练"时代终结 147

带着老伙计们继续前进 148

无缘1984年欧洲杯决赛圈 150

更新球队却苦无资源 152

1986年世界杯，小组赛磕磕绊绊 155

被普拉蒂尼淘汰 158

十四、本土冠军从指缝间溜走 161

维奇尼上任 162

意大利人热情筹备世界杯 164

斯基拉奇是最大惊喜 165

巴乔崭露头角 168

爱尔兰人的愉快假期 170

第一个丢球=世界杯失败 171

点球大战的噩梦开始了 173

失败之后的吵吵闹闹 175

十五、踢飞的冠军和落寞的背影 179

维奇尼摔倒再也起不来了 180

萨基的革命 182

险些折戟小组赛 185

巴乔的88分钟神迹  188

塔索蒂打断恩里克鼻子  191

半决赛，巴乔受伤离场  192

巴西赢下点球大战  194

十六、难挡法国队冲冠脚步  199

1996年欧洲杯失败，萨基下课  200

马尔蒂尼父子出征世界杯  203

布冯冰天雪地中的亮相  205

皮耶罗力压巴乔拿10号  206

用点球救赎自我  208

两名"10号"的接力棒  209

内斯塔的世界杯魔咒  211

巴乔罚进了，别人却不进  213

老马尔蒂尼愤怒辞职  214

十七、被韩国人顶翻  217

欧洲杯，这次不怕点球了  218

金球，意大利人的又一噩梦  220

佐夫被贝卢斯科尼挤走  221

巴乔错过世界杯并非因为重伤  222

这次皮耶罗的对手是托蒂  224

感谢皮耶罗不如感谢厄瓜多尔队  226

被裁判杀死  229

加时赛，红牌，金球，意大利队回家了  231

特帅坚持到欧洲杯后才下课　233

**十八、2006意甲天下　235**

　　"电话门"or"莫吉门"　236

　　莫吉如何掌控裁判　239

　　更衣室不谈"电话门"　243

　　小组赛轻松出线　244

　　伟大的左后卫诞生　249

　　淘汰德国人，靠的是防守艺术　251

　　齐达内是主角，马特拉齐是配角　254

　　点球冠军，改写命运　257

**后记　里皮走下神坛　259**

**附录　263**

# 一、波佐奠定蓝军起步基石

2014年世界杯在巴西举行。五星巴西队毫无疑问是世界上最好的足球队之一。而从成绩上来说，四星意大利队紧随其后。在2006年德国世界杯上称雄，让意大利队成为巴西队之后夺冠次数第二多的球队。虽然有不少人认为，意大利队能在1934年和1938年蝉联世界杯，更多的是政治原因，还有乌拉圭队和英格兰队等强队不参加、南美强队派遣二线队员等因素，但历史已无法改变，世界足球的舞台上，那一抹蓝色始终占据着绝对重要的地位。

2014年世界杯抽签仪式上，当意大利队成为欧洲非种子队中的X队时，多少种子队都为之心颤。最终，乌拉圭队、英格兰队与意大利队一起组成了这届世界杯上的最强死亡之组。也许是命运使然，这三支球队曾是世界杯初期的"主角"。20世纪30年代，当足球鼻祖英格兰不屑参加世界杯之时，当1930年世界杯冠军乌拉圭队在抵制1934年世界杯时，名不见经传的意大利队突出重围，举起了雷米特杯，甚至四年后还来了空前绝后的个世界杯卫冕。于是，巴西世界杯的D组汇聚了三个创造了世界足球以及书写了世界杯最初历史的球队。

有种说法是，英国人开着战船、踢着足球，征服了全世界。意大利在足球上被"征服"源于热那亚海港。对于英国水手们脚下那圆圆的玩意儿，热那亚人及其他地方的意大利人都显示出了无比的热情和关注。19世纪末足球传入意大利，像亚平宁半岛的形状一样——一只靴子踢着一个足球，足球深入了这个民族的灵魂。100多年来，这片土地孕育了无数伟大的球星、伟大的球队、伟大的比赛。我们将细细品味一代又一代亚平宁足球人为足球梦想付出的努力，以及他们取得的一个又一个荣誉。

## 做主帅不要工资

2010年世界杯，卫冕冠军意大利队耻辱地以小组赛一场不胜的成绩，小组垫底出局。最让意大利人郁闷的是，那个夏天恰恰是意大利国家队处子秀的百年纪念。1910年5月15日，意大利国家队的第一次正式比赛在米兰上演，6比2击败法国队开了一个好头。但是当时南欧几个国家的足球水平也仅仅处于摸索阶段，与奥地利队、匈牙利队以及英格兰队都无法相提并论。意大利队前两年时间鲜有胜绩不说，更没有一名真正意义上的主教练，选人、用人都由足协官员、记者、裁判和著名球星组成的一个委员会投票决定。

1912年，意大利国家队的第一位主帅产生，他就是伟大的波佐（Vittorio Pozzo，1886年3月2日—1968年12月21日）。他是意大利足球史上最伟大的教练，没有之一。他也是世界上迄今唯一卫冕世界杯成功的教练。他的故事基本上涵盖了意大利国家队起步阶段的点点滴滴。

波佐出生于都灵一个既不贫穷也不太富裕的家庭。家里的条件可以让小波佐顺利完成学业，也允许他出国求学。在法国、瑞士和英格兰学习语言的过程中，波佐开始深入接触足球。"我不认为在身体上我们和英格兰人有什么太大区别，唯一不同的是对足球的认识和战术。在英格兰人看来，足球是一门学问，而在意大利，很多人还仅仅把它当作一种娱乐。"波佐后来回忆说。

在英格兰求学过程中，波佐留在曼彻斯特的时间最长，当时的曼联队场边，总有这位小伙子的身影。波佐对英式足球的那种快节奏印象深刻，这也是日后他的球队最重要的战术特点。波佐很清楚，技术和意识都是必须考虑的因素，所以日后他选择球员时，非常喜欢全面的球员。波佐的另一大特点是善于调动球员的积极性，即现代足球中所谓的心理调控能力。

波佐没有打算很早回国，但父母思儿心切，借着波佐姐姐的婚礼，将波佐叫回意大利，并成功劝说他留在祖国发展。从此，波佐成为伟大的都灵足球俱乐部的奠基人之一。

1906年12月3日的夜晚，在一家酒吧中，都灵板球队和一部分尤文图斯队分裂出来的骨干正式联盟，成立了都灵足球俱乐部。1906至1911年，波佐在都灵踢了5年球，直至1911年退役。

退役后的波佐在家人的安排下去了倍耐力公司，成为一名管理人员。但很快他就发现自己的兴趣不在于此，自己的职业应该是足球。1912年，波佐从倍耐力辞职，来到都灵队担任主帅，一干就是十年。同时波佐还兼任国家队主帅。正如前文所述，意大利队当时并没有主帅一职，训练和比赛只是由一个足协组织的委员会在组织。从1910年国家队组建以来，意大利队的成绩很一般，与奥地利队、匈牙利队等强队频频过招，总是输球。人们逐渐认识到，聘请一名主教练很有必要。

脑子里充满了足球知识，希望有用武之地的波佐主动请缨。他很明白国家队的意义，这将是一支独立的球队，而不是临时凑在一起踢场球的小团体，或许这就是他去英格兰求学后形成的职业概念。但是在波佐与足协交流初期，问题出现了，足协只想找一名执行主教练，负责具体工作，在做一些重要决定时，还是希望由委员会参与。

波佐不同意，他想得到全部权力。最终讨价还价的结果是，波佐不拿任何工资和津贴，免费为国家队服务，但大权基本由波佐掌控。一直到20世纪60年代，能在意大利国家队"一言堂"的也只有波佐。当然这也与时代背景有关，那时的国家队比赛任务并不繁重，而且没有什么油水，连国家队主帅都只能是兼职。

1912年6月的斯德哥尔摩奥运会上，意大利国家队第一次正式出现在国际大赛上，这也是波佐第一次作为国家队主帅进行临场指挥。但出师不利，资格赛第一轮，意大利队就被芬兰队通过加时赛以3比2击败，经过复活赛1比0击败瑞典队后，在半决赛中被奥地利队5比1血洗。波佐极为强调进攻的打法虽然使比赛场面很漂亮，但"2-5-3"阵型还是有点不平衡。意大利媒体口诛笔伐，指责失利全因波佐。赛后波佐愤怒辞职，甚至有点自暴自弃。他离开了足球场，回到倍耐力集团，同时兼任都灵队主帅。而国家队重新交给足协委员会带领。

## "一战"的洗礼

1912年年底，意大利国家队在热那亚完败于强大的奥地利队，比赛中对手展现出的高超的技战术水平，让身处意大利足球源头的热那亚人瞠目结舌。1913年意大利队的成绩更是一落千丈，连邻居法国人和瑞士人都赢不了。

1914年7月，第一次世界大战爆发，整个欧洲逐步陷入战争的深渊。意大利起初中立，随后加入德奥同盟国，最后又"变节"为协约国，参战无法避免。足球运动员本身就有不少人出身军队，而且身体素质很好，是征兵的主要对象。很多球员上了战场，最终无法回到绿茵场。

波佐是幸运的，他也参加了这场战争，但没有成为炮灰。作为一名指挥官，他保住性命的可能性比其他球员大了许多。残酷的战争成为波佐人生道路上的一次重要经历，他越来越明白凝聚力对一支队伍的重要性，也明白了发挥每名成员自身特点的必要性。日后，意大利队在波佐的带领下所展现出的强大意志，或许就是战争的产物。

一战结束后，足球场成为欧洲大陆没有硝烟的战场，各国都更重视国家队的成绩。1920年安特卫普奥运会上，意大利队有了进步，在1/8决赛上2比1淘汰埃及队，可惜在1/4决赛中1比3负于法国队，虽然此前曾9比4击败过同一对手。国内骂声一片，于是，波佐被足协请回，不过意大利足协的目的，或许是想找一个替罪羊。

1924年巴黎奥运会，波佐再次带领意大利队出征，成绩同样一般。淘汰赛上凭借乌龙球1比0击败西班牙队后，1/4决赛上遭遇瑞士队，1比2被淘汰。赛后波佐再次辞职，直到1929年才复出执掌国家队，并且一带就是18年。在这段期间，意大利国家队获得了两次世界杯冠军和一次奥运会金牌。

不过必须承认的是，波佐不在国家队的几年里，意大利足球已经取得了长足进步，这为波佐的成功奠定了不错的基础。

# 二、墨索里尼的政治足球

　　这里必须提到一名历史上臭名昭著的法西斯独裁者——墨索里尼。他是意大利国家法西斯党（Partito Nazionale Fascista Italiano）的党魁，该党于1922年至1943年间是意大利的执政党。

　　法西斯是拉丁文Fasces的音译，原指中间插着一柄斧头的一捆棍棒，这是古罗马时代官吏执掌权力的象征。故意大利国家法西斯党又译为棒喝党（甚至足协标志在那个阶段也是以束棒为核心）。其党旗为黑色，以黑衫为党服，故又名黑衫党。1938年意大利国家队身穿黑色球衣参赛，就是墨索里尼的命令。

　　第一次世界大战后，墨索里尼利用统治阶级"惧怕赤色"的心理，于1919年3月在米兰建立半军事化组织——法西斯战斗团。1921

年11月正式建立国家法西斯党。纲领是法西斯国家至上，执行国家的决定是每个人的天职。1922年10月28日，在大垄断资本集团和军队的支持下，震惊国内外的"进军罗马"行动展开。数万名身穿黑衫的法西斯武装分子向罗马进军。墨索里尼成功夺权，成为意大利的国家最高领导人。

## 喜爱足球的党魁

墨索里尼很喜欢体育，尤其是足球。他发现，用足球来鼓吹自己的法西斯统治是个不错的方式。足球赛的胜利可以证明国家力量的强大，从而证明自己统治的能力。

那段时期，意大利足协承受了巨大的压力，国脚们也是如此。他们必须竭尽全力去比赛和取胜。在比赛前，俱乐部必须让国脚们好好休息，养精蓄锐，以免担上"不为国家着想"的罪名。

1925年的一场友谊赛，意大利队主场7比0大胜法国队。赛后墨索里尼亲自接见了那支国家队。一代球星贝尔纳迪尼在那场比赛中上演了国家队处子秀。日后，他在1974年世界杯后执掌国家队，成为功勋教练贝阿尔佐特的启蒙者。此外，还有几场重大胜利值得一书。特别是1927年1月30日，意大利队5比1客场血洗瑞士队，一雪前两届奥运会输球之耻。

1927—1930年，欧洲举行了一项赛事，名为"国际杯"，即现在欧洲杯的前身。欧洲的几支国家队打循环赛，时间视各国家队空闲而定，所以赛时一般拖得比较长。比赛规则为各队间主客场对阵，胜得2分，平得1分。

墨索里尼的政治足球初露锋芒。虽然对阵强大的奥地利队，意大利队主客场都输球了，但其他比赛意大利队从未输球，主客场更是双杀同样强大的匈牙利队。尤其是1928年3月25日在罗马法西斯政党球场举行的球赛，墨索里尼亲临现场。意大利球员像打了鸡血一样兴奋，4比3险胜匈牙利队。那届历时三年的"国际杯"，意大利队11分力压奥地利队夺冠。意大利队开始向着欧洲顶级球队高速靠进。

1928年的奥运会也值得一提。在这次大赛上，意大利队第一次站上领奖台。1927年的"国际杯"开打4场比赛后，意大利队就去了阿姆斯特丹奥运会。在1/8决赛中意大利队淘汰的又是老冤家法国队。开场意大利队0比2落后，最终4比3大逆转，意大利国内普天同庆。1/4决赛意大利队打了两场，以1比1和西班牙队战平。根据当时的规则，三日后重赛。重赛上意大利人发飙，打出了7比1的比分，把又一个邻居送回家。

意大利队半决赛的对手是乌拉圭队。乌拉圭队是奥运会卫冕冠军，也是两年后的第一届世界杯冠军得主。那场半决赛打得昏天黑地，乌拉圭队逆转意大利队杀入决赛，最终击败阿根廷蝉队联奥运金牌。

意大利队与埃及队在铜牌争夺战中相遇。打不过乌拉圭队，意大利队在埃及队面前彻底爆发。开场15分钟双方就你来我往打成2比2。接下来是意大利人的天下，意大利队最终以11比3摘得铜牌。斯基亚维奥（Schiavio）、班凯罗（Banchero）和马尼奥齐（Magnozzi）三人上演帽子戏法，再加上巴隆奇耶里（Baloncieri）梅开二度，意大利队创造了国家队历史进球纪录，这项纪录直到今天依旧未被打破。值得注意的是斯基亚维奥，他是博洛尼亚的传奇射手，6年前的世界杯，正是他在加时赛中"绝杀"了捷克斯洛伐克队，帮助意大利队第一次举起世界杯。

1929年，墨索里尼钦点波佐回到国家队，开始了一段足球盛事。如果把第三届"国际杯"（1933—1935年）算作欧洲杯，那波佐实际上取得了1934年世界杯、1935年"欧洲杯"、1936年奥运会和1938年世界杯四个奖杯。

波佐的意大利队在技战术上并非那个时代的顶尖，但战斗力和赢得成绩的能力绝对一流。当时意大利在社会、经济、政治等各方面都一片混乱，但在国家机器的催动下，足球成为意大利人证明自己的好途径。

## 梅阿查闪亮登场

墨索里尼的法西斯统治在社会的各个层面改造着这个传统古

国。整个社会的喧嚣和好斗因子渐渐进入足球场，从俱乐部到国家队，球风变得越来越粗放，身体优势和精神力量开始成为这支国家队的核心。那时有句话是"国家队就是球场上的战士，代表着整个国家的荣誉"。接下来几年，意大利足球飞速进步，特别是在球星培养上收获颇丰。此时，一代天骄梅阿查闪亮登场（Giuseppe Meazza，1910年8月23日—1979年8月21日）。

梅阿查6岁开始踢球，7岁时父亲病逝后，他逐渐成为家庭顶梁柱，他踢球的目的就是赚钱养家。那时职业球员虽然没有如今的经济效应，但起码可以养家糊口。小梅阿查最开始在AC米兰试训，但因为他身材矮小（成年后1.69米）未被录用。

国际米兰前球星贝尔纳尔迪尼发现了这个技术出色、力量十足的小个子。试训梅阿查后，主帅维斯立马点头。梅阿查从1927年开始为国际米兰效力，他门前的破坏力令人瞠目结舌，在各种角度、各种情况下都能将足球射入对方大门。1930年，梅阿查率国际米兰夺冠，他本人成为"最佳射手"。

梅阿查是意大利足球史上最伟大的前锋之一，在职业生涯477场比赛中共打入305球，3次斩获意甲"最佳射手"称号。1947年梅阿查退役之时，米兰的圣西罗球场被命名为"梅阿查球场"。

梅阿查对意大利足球的贡献，不仅仅是那两座世界杯，更是代表了意大利足球的真正崛起。1930年2月9日友谊赛上，意大利队4比2击败瑞士队，梅阿查以一个进球完成了国家队处子秀。同年5月11

日，首届"国际杯"的最后一战，意大利队做客布达佩斯，挑战老牌劲旅匈牙利队，结果5比0狂胜，意大利队以1分优势力压奥地利队和捷克斯洛伐克队夺冠。这场比赛中，年轻的梅阿查上演了帽子戏法，世界足坛开始关注这个小个子球星。1931年，梅阿查继续着进球大业，在5比0胜法国的比赛中又一次连入三球。2月21日在圣西罗对阵奥地利队的比赛中，奥尔西和梅阿查各入一球，帮助意大利队20多年来第一次击败强大的奥地利队。

1931年，第二届"国际杯"开战，意大利队成绩仍然不错，只可惜最终还是被奥地利队抢去了冠军。值得一提的是1932年10月28日最后一场比赛，意大利队客场1比2负于捷克斯洛伐克队，成全了奥地利队。那一天，在罗马的法西斯政党球场上，"进军罗马"的十周年庆典正在进行，大家等待着意大利国家队的贺礼。国家队回国后，被国家元首墨索里尼臭骂一顿。

当然，这个所谓的"欧洲杯"并不十分重要，不至于上升到"不赢球就送命"的程度。但从那一刻开始，墨索里尼决心要在下一次世界大赛，即1934年第二届世界杯上大展拳脚。有整个国家的支持，当时还不是人见人爱的世界杯主办权被意大利人轻松带回了亚平宁，在自家门口赢球、夺冠，墨索里尼的算盘打得很精。

# 三、本土首捧世界杯

　　1932年年底，在瑞士国际足联总部，国际足联听取了意大利的申办要求。当时和意大利竞争的只有瑞典一国，最后瑞典退出了竞争。有趣的是，1934年世界杯半决赛和决赛的主裁判都是瑞典人艾克林德，这和瑞典最后时刻的退让有没有关系不得而知。

　　就这样，世界杯被墨索里尼作为礼物送给了意大利人民，尤其是那些平日里无事可做、把绝大精力和兴趣都投在足球上的中下层人民。墨索里尼力争用足球团结整个民族、整个国家，客观来说有一定效果。这届世界杯第一次推行了"直播"——广播直播。墨索里尼的巨大投资，是为了让国家主义深入每一个国民心中。

## 强的不来，来的不强

第一届世界杯在乌拉圭成功举办后，第二届世界杯的影响力更大了。多达32支球队申请参加决赛圈，国际足联不得不举行了一次资格赛，才筛选出16支球队。值得注意的是，这届世界杯，卫冕冠军乌拉圭队没有参加，因为第一届世界杯在乌拉圭举行时，欧洲队只去了4支，乌拉圭是在抵制"欧洲世界杯"。

英格兰队同样没有参加，一方面是不屑自己与足球上的徒子徒孙们的"折腾"，另一方面是英格兰足总与国际足联在一些观念和政治问题上不统一。还有个插曲，阿根廷和巴西派遣的都是"业余队"。不过原因不同，阿根廷是"怕"，巴西是"乱"。

巴西足协管理混乱，根本无法合理组织出国家队，很多球星索性在俱乐部踢球赚钱，没兴趣为国效力。而阿根廷是被挖墙脚挖怕了，意大利在世界杯前就"同化"了三名阿根廷球星：奥尔西、蒙蒂和瓜伊塔。蒙蒂更是世界杯上唯一代表两个国家队参加两次世界杯决赛的球员，1930年对乌拉圭队的世界杯决赛就有蒙蒂。

阿根廷足协的想法是，"我们才不让真正好的球星去你们那里秀呢，万一被看上了、诱惑了，损失的可是阿根廷国家队"。这种顾虑也促使国际足联随后对更换国籍的参赛者制定了比较严格的规定。在意大利本土，这种球员被称为"雇佣兵"，意思就是哪儿给钱就去哪儿。

回到世界杯话题，"假豪门"阿根廷队和巴西队在1/8决赛上就被淘汰。美国队在首轮遭遇东道主意大利队，意大利队7比1轻松取胜，头号射手斯基亚维奥完成帽子戏法。再算上唯一一个非洲球队——埃及队被匈牙利队淘汰，8强全部是欧洲球队。这届世界杯成了名副其实的"欧洲世界杯"。

## 要么夺冠，要么吃枪子儿

1/4决赛中，意大利队与西班牙队踢得有些沉闷。波佐此时的足球攻防战术愈发平衡，与东欧足球打小范围传切战术不同，波佐深受英格兰足球影响，更多崇尚凭借身体力量和长传冲击。既然皮球可以远距离输送到前场，后卫们就不需要太过压上，所以后防留人不少。与西班牙队90分钟的比赛以1比1战平。重赛在次日进行，凭借梅阿查的进球，意大利队过关。那场比赛双方消耗都比较大，梅阿查在赛后一度昏厥。

接下来半决赛意大利队的对手是老冤家奥地利队。不过奥地利队在此前以2比1胜匈牙利队的1/4决赛中消耗更大，伤了不少主力，尤其是比赛中多次出现拳脚相加。半决赛同样有些沉闷，凭借归化的阿根廷人瓜伊塔的进球，波佐的球队以1比0小胜奥地利队。意大利队在世界大赛上第一次杀入决赛。另一边，捷克斯洛伐克队以3比

1击败德国队，断绝了两个法西斯国家会师决赛的"美好愿望"。

1934年世界杯决赛在6月10日举行，地点正是罗马的法西斯政党球场，墨索里尼和国际足联主席雷米特并坐主席台上，5万名球迷在现场助威。据说当时墨索里尼下了军令状："要么（得）奖杯，要么（挨）枪子儿"。如果输球，墨索里尼苦心经营的一切都将成为笑话。

这里不得不提到上文说过的瑞典裁判艾克林德，半决赛意大利队对奥地利队时，艾克林德多次放过意大利人在禁区内的犯规，奥地利队多次抗议要求点球无果。而且，瓜伊塔破门前，梅阿查与对方门将一起摔倒，奥地利媒体认为梅阿查犯规在先，裁判却没吹犯规。

半决赛争议多多，却没有阻止艾克林德与意大利队在决赛中再次相遇。据说那场决赛的半场休息时，墨索里尼还私下与艾克林德进行了会面，至于说的是什么，已经无从得知了。

这场决赛中，波佐使用了与半决赛完全相同的11人，用略带英式的防守足球战术与捷克斯洛伐克人对抗。在墨索里尼军令状的压力下，意大利球员明显很紧张，不求有功但求无过，直到第71分钟捷克人普茨的小角度射门洞穿了孔比把守的大门。

被逼上绝境的意大利人彻底爆发了。波佐在场边如同大喇叭般吼叫着，而战术上，波佐将已经有些筋疲力尽的中锋斯基亚维奥回撤到边路，身体强壮的瓜伊塔继续深入客队禁区进行骚扰。第81

分钟，瓜伊塔助攻，他的阿根廷老乡奥尔西在20米外打入一球，扳平比分。沉寂了10分钟的球场复活了，墨索里尼的脸上重新有了笑容。

加时赛开始仅仅5分钟，梅阿查策动攻势，又是改打中锋的瓜伊塔回做，这次是一瘸一拐的斯基亚维奥将足球射入，比分改写为2比1。终场哨响起后，罗马沸腾了，意大利沸腾了，墨索里尼喜笑颜开，与雷米特热情拥抱。无论外媒如何怀疑政治因素，意大利队确实具备了称霸世界足球的资本。

经过政府、民间的一系列庆祝，意大利队成为国民英雄。墨索里尼当然非常满意，给了每个人巨额奖金。墨索里尼还专门赠送给意大利足协一个铜质雕塑"元首之杯"。雕塑展示了门将在千军万马中跃起空中摘球的一幕，刻画出攻防争夺的激烈。这尊"元首之杯"至今依然保留在科维尔恰诺基地的意大利足球博物馆中。二战中，意大利足协所在地被洗劫一空，这尊纪念杯因太沉重幸免于难，否则那段历史将失去一个重要的见证。

因为世界杯的成功举办和意大利队的最终夺杯，足球正式成为意大利国内的第二大运动。从媒体关注、商业化、全球影响力上看，意大利的第一运动仍是自行车赛。但从民众参与角度讲，足球已经成为这个国家的第一流行运动。此时意大利国家凝聚力空前强大，墨索里尼的足球策略完全奏效。

# 四、卫冕，不靠法西斯

1934年世界杯夺冠，不是一个终点，而是一个起点，意大利足球近百年的辉煌刚刚起步。

1934年11月14日，意大利队做客英格兰海布里球场。这里有个比喻是：毕业考试成功的意大利队，要再去和教授面试一次，作为足球鼻祖，英格兰人在足球上有自大的资本。

开场不久，动作向来粗野的意大利人蒙蒂被"粗野的鼻祖"踹断了腿，虽然蒙蒂试图继续比赛，但最终坚持不住，离开球场去了医院。当时还没有换人的规则，所以大多数时间里意大利队是以10人对11人。0比3落后时，意大利队门将切雷索利神勇地扑出了一个点球，之后梅阿查凭借个人能力连入两球，10人的意大利队最终以2

比3告负。这种勇猛的足球精神，让英格兰人也不得不赞叹，并送出外号"海布里蓝狮"，算是承认了意大利足球的地位。

## 皮奥拉——梅阿查的好帮手

1935年，因世界杯而暂停的第三届"国际杯"（欧洲杯前身）重燃战火，波佐的球队再次击败奥地利队，以11分的总成绩赢得冠军，为接下来的奥运会、世界杯强势热身。在这届"国际杯"的最后阶段，另一位传奇巨星——皮奥拉走入我们的视线，他是拉齐奥足球俱乐部的伟大射手，是意甲联赛进球纪录（274球）的保持者。

比起梅阿查，皮奥拉身体更强健，精神更勇猛，对进球的饥饿让对手恐惧。1930年，年仅16岁的皮奥拉在普罗韦尔切利足球俱乐部开始了职业生涯，在1933—1934赛季其俱乐部以7比2击败佛罗伦萨的比赛中，皮奥拉包办6球，这仍是意甲的记录。1936年皮奥拉转会拉齐奥，效力长达9年，这是他职业生涯最辉煌的阶段。国家队也是皮奥拉自豪的舞台，他取得了与梅阿查不相上下的成绩。

1935年3月24日，"国际杯"重启，由于梅阿查受伤，波佐将联赛中状态正热的皮奥拉招入国家队。意大利队能在客场以2比0战胜奥地利队，正是因为皮奥拉的梅开二度。从此，皮奥拉与梅阿查成为意大利队的主力锋线搭档。他们一个勇猛、一个轻巧，有如此伟大的锋线双子星，再加上一套完整的防线，意大利队已足够称雄那个时代的足坛。

不得不提到的还有弗罗西（Annibale Frossi）——一个名不见经传的前锋。他是波佐在1936年奥运会前从乙级联赛招入的新人，一个带着塑料眼镜的家伙。不得不说波佐眼光独到，意大利队一路杀入决赛，在柏林的最后决战中又遭遇冤家——奥地利队，正是弗罗西的两个进球，帮助意大利队赢得了本国足球历史上的唯一一枚奥运金牌。

此时，战争的阴云已经笼罩了欧洲大陆，奥地利被德国吞并后，第四届"国际杯"无疾而终。第三届世界杯在1938年到来，然而战争却让很多优秀的球员都无法参赛。这届世界杯还有不少缺席者，乌拉圭和英格兰继续抵制世界杯，和法国争办世界杯的阿根廷因不满世界杯连续在欧洲举办也放弃参赛。好在巴西队派出了最强阵容，为这届世界杯增色不少。

意大利队作为卫冕冠军，依然是最抢眼的一支球队，无论是在足球还是在政治方面。这届世界杯的前两场比赛，墨索里尼命令意大利队身穿黑色球衣，因为他的法西斯党徒都是黑衣着装。不过，在欧洲社会陆续的反法西斯浪潮中，这种行为以及每场比赛前球队的"罗马敬礼"都引起了巨大抗议。意大利队首场对挪威队时，1万多名意大利球迷发出巨大嘘声。这针对的不是国家队，而是墨索里尼的法西斯政权。

场外争议没有影响场内争锋，皮奥拉成为这届世界杯的英雄。

1/8决赛时，意大利队面对挪威队，皮奥拉在加时赛第94分钟的进球帮助意大利队以2比1过关。1/4决赛上，皮奥拉先助攻科劳西，然后梅开二度，意大利队以3比1轻松淘汰东道主法国队。半决赛在马赛进行，意大利队出战夺冠最大热门巴西队，巴西队十分乐观，不仅定好了飞往决赛地巴黎的机票，更是让头号射手莱奥尼达斯和主力蒂姆轮休，备战决赛。

然而，巴西队为自大付出了惨痛的代价。皮奥拉助攻科劳西破门后，又制造了一个点球，梅阿查射入。这里有个小插曲，据说当时梅阿查的球裤松紧带断了，只得一只手提着裤子去射点球，而且那是梅阿查最后一个国家队进球。赛后，意大利队主帅波佐找到巴西队，希望对方转让机票，但巴西队宁可亏钱也不干，结果意大利队只能坐火车前往巴黎，决赛场地是巴黎郊区的白鸽球场。

## 这次决赛很轻松

1938年6月19日，第三届世界杯决赛打响，意大利队的对手是匈牙利队。当时人们对意大利队的看法已经有所转变，就像东道主法国队被意大利队击败后评价的："四年前我们的闲言碎语现在看来是笑话，他们的确有夺冠的实力。"

面对匈牙利队，意大利队很好地贯彻了波佐的战术安排，稳固防守，在球场的每一个角落进行拼抢，不给匈牙利人组织进攻的机会。这是一场酣畅淋漓的比赛，皮奥拉独进两球，助意大利队以4比2最终夺冠。皮奥拉当选该赛事最佳球员，并以5球获得银靴奖。

随后爆发的二战阻断了这名伟大射手的世界杯生涯。当然，还有很多伟大的足球人在战争面前停下了脚步。不过，墨索里尼的法西斯政府对意大利足球也做了一些贡献，因为墨索里尼认为二战是"闪电战"，必胜信心极大，所以在战争前期征兵时对球员很宽容，"他们留在球场上比去战场上作用大"。墨索里尼的想法是尽快结束战争，让球员们继续在绿茵场上给他争气，所以意大利足球人才得到最大限度的保留，意大利国家队在二战后仍然非常强势，直到苏佩加空难的爆发。

1948年，二战结束3年后，意大利足协认为波佐已经不再适合担任国家队主帅一职。还有一层含义：波佐是墨索里尼法西斯政党的拥护者，他取得的世界杯胜利都是在法西斯政权下获得的。可是实际上那个时期的体育成功哪个不被贴上法西斯标签呢？波佐不可能以个人之力，公开与整个法西斯政权抗争。

那几年，波佐唯一一次的公开亮相就是1949年去认领苏佩加空难的尸体，因为遇难者都是他在都灵的好朋友以及昔日他的国家队队员。此后10年，波佐全身心投入科维尔恰诺基地的构建，作为意大利国家队训练基地以及教练培训班所在地，科维尔恰诺已成为意大利足球的圣地。

日后解密的文件还了波佐一个清白。二战期间，波佐曾帮助意大利自由党的革命人士逃出意大利，并秘密抵抗过法西斯政权。这算是为波佐的政治生涯正了名。

伟大的波佐执教意大利队6927天，带着65胜17平15负的成绩和两座世界杯离开了国家队，他的荣耀标志着意大利足球从起步到登顶的30年。波佐的离去以及随后发生的苏佩加空难，导致意大利队在接下来几乎二十年里处于荣誉真空期。

1968年12月21日，一代功勋教练波佐仙逝。他无疑是意大利足球历史上最伟大的主帅，也是世界足坛最伟大的主帅之一。毕竟世界杯四年一届，国家队主帅想要卫冕世界杯，难度比一年一度的欧冠大得多。前意大利队主帅里皮在2006年世界杯意大利队夺冠后，2010年再接教鞭，想重闪前辈波佐的光辉，可惜南非世界杯小组赛后意大利队就被淘汰了。

# 五、公牛的血蓝色的泪

1949年5月4日17时04分，一架菲亚特G212航班从里斯本飞往都灵，在天气因素、人为因素和机器故障的作用下，这架载着都灵队全体队员的飞机撞上了苏佩加山山顶修道院的外墙，全机31人罹难。

这是足球史上最惨痛的飞机失事事件之一。对于意大利足球来说，这更是一次毁灭性打击，因为那时正是"大都灵时代"，意大利国家队几乎被都灵队队员占据。有一个纪录空前绝后：1947年5月11日，意大利队在友谊赛中以3比2击败匈牙利队，其中意大利队11人中有10人来自都灵队，只有门将是尤文图斯队的森蒂门蒂。

## 1950年至1958年，一届比一届差

1949年的苏佩加空难几乎使整支意大利国家队队员遇难，我们可以想象，1950年的世界杯上意大利队会遭遇何等命运。更何况，空难之后，新晋国脚们极度恐惧飞行，这支国家队从意大利乘船去巴西，耗时三周才抵达。而在颠簸辛苦的航行中，球队的所有训练用球因为固定不当，都献给了大西洋。到巴西时，蓝军的战斗力直接打了个对折。

摆脱了第二次世界大战的阴云，世界杯时隔12年后重新起航，1950年世界杯在巴西举办。作为卫冕冠军，意大利队在第一轮循环赛中就惨遭淘汰。开赛第一场，面对完全由业余球员组成的瑞典队，有心无力的意大利队以2比3输了。

这个小组中本该有四支球队，但印度队因国际足联拒绝他们的球员光脚上场而决定退赛，剩下瑞典队、意大利队和巴拉圭队三队角逐一个出线名额。瑞典队第二场小组赛以2比2战平巴拉圭队，几乎锁定出线权，使得意大利队最后一场以2比0完胜巴拉圭队没有任何意义。而英格兰队放下架子来参加世界杯，却被美国队和西班牙队双双击败。于是，意大利队和英格兰队一起成为1950年世界杯上最悲剧的球队，他们一个是卫冕冠军，一个是足球鼻祖。

再来说说1954年的世界杯，这届世界杯在意大利的近邻瑞士举

行，旅程不再是问题，但这无法弥补意大利队实力真空期的无奈。意大利队这次与东道主瑞士队、英格兰队和比利时队分在一组，首场就以1比2输给了瑞士队。最后，意大利队与瑞士队同积2分，要打附加赛角逐一个小组的出线名额，但这次意大利队输得更惨，以1比4惨败之后打道回府。

1958年世界杯中的意大利队更加悲情，虽然招募了1950年逆转巴西队夺得世界杯的乌拉圭球星斯基亚菲诺和吉贾，但意大利队连预选赛都没有过关，问题出在小组赛最后一轮与北爱尔兰队的交锋上。事实上1957年12月的比赛中，意大利队客场以2比2战平了北爱尔兰队。这个比分已经保证意大利队可以进军世界杯，但意大利足协没事找事，非要认定这场比赛没有国际级主裁，要求必须重赛。或许意大利足协压根不信意大利队会输给北爱尔兰队这个小球队，结果，吉贾开场不久就被罚下，意大利队以1比2告负。于是，1958年世界杯留下了意大利国家队历史上唯一一次没有进军决赛圈的遗憾。

至此，20世纪50年代的三届世界杯，意大利队一次预选赛折戟、两次小组赛被淘汰。在意大利足球界，这一段时间被称为"黑暗时期"，直到20世纪60年代随着AC米兰与国际米兰的崛起，意大利队才迎来复兴，在1968年欧洲杯上夺冠，不过那是后话了。现在，我们重新聚焦"血色公牛"的故事，都灵队的崛起和毁灭恰恰代表了那个时代的意大利队的主旋律。

## 大都灵时代的崛起

都灵俱乐部是意大利创立最早的俱乐部，甚至早于意大利足球源头热那亚俱乐部，但因为成立初期都灵不是以足球为主，而是作为板球俱乐部，所以意大利足球历史上没有认定都灵的第一位置。

但是，都灵队一直都是意大利足坛的重要力量，冠军教练波佐出道时就曾在都灵队效力和执教。Granata是意大利语中都灵的昵称，意思是"石榴红"。它作为都灵队球衣的颜色延续至今，只不过苏佩加空难将这身石榴红队服染成了血红色。

1930—1935年，都灵城的另一支球队尤文图斯实现了五连冠的伟业，之后的都灵队本可以追平甚至打破这种传奇，但由于一些原因，没有完成。一切要从1939年夏天说起，前都灵球员、皮革商人费鲁奇奥·诺沃入主都灵成为主席，诺沃踢球时的球技很差劲，连他自己都说："是的，那时我就是个傻瓜。"

这个诺沃不是阔佬，在都灵期间从没有过什么大手笔投资，哪怕和其他俱乐部竞争球星，也仅仅是那种"你出30万里拉、我出33万里拉"的精打细算型。诺沃在都灵的成功，靠的是以独到眼光招揽各种人才，而且善于听取意见。1938年世界杯夺冠后，意大利队没有太重的比赛任务，所以功勋教练波佐成了诺沃的顾问，引进了一套英格兰足球训练体系，特别是英格兰教练莱斯利被签下执掌青年队，这位莱斯利正是日后苏佩加空难时都灵的一队主帅。

诺沃招揽的第一位球星是从瓦雷塞签下的18岁天才前锋奥索拉（Franco Ossola），签约费仅仅是5.5万里拉，不幸的是奥索拉后来也在苏佩加空难中丧生。1941—1942赛季，诺沃一口气签下五位新球员，包括1938年世界杯冠军队左边锋费拉里斯。这里有个小故事，从尤文图斯新来的伯雷尔为了给新老板献礼，打听到尤文图斯队友加贝托将以30万里拉的身价转会热那亚，于是都灵老板诺沃"碰巧"出价33万里拉，成功将这位日后建功立业的主力中锋加贝托截获。

战术上，都灵队采用了英格兰人查普曼创立的"3-2-2-3"战术，也就是著名的"WM"战术，在亚平宁打出一股攻势足球的美丽风暴，成绩越来越好。1941—1942赛季，都灵队以3分之差被罗马队历史上第一次夺去意甲冠军，决定性的一场输球是联赛倒数第三轮的都灵队兵败威尼斯队。

但是诺沃没有被失败的怒火冲昏头脑，而是在赛后直接去了威尼斯队的更衣室，和威尼斯老板开诚布公地说："开个价吧。"最终，都灵队以140万里拉抢走了一代球星瓦伦迪诺·马佐拉（中场组织者）和罗伊克（边锋）。这位马佐拉就是后来国际米兰的传奇球星桑德罗·马佐拉的父亲。都灵队这次也是赶在尤文图斯之前出手，又一次打击了同城劲敌。至此，"大都灵"骨干搭建完成。

1942—1943赛季，虽然开局不利，但都灵队接连获胜，在最后一轮以1分优势力压黑马利沃诺队，意甲职业化以来都灵队的第一个冠军终于到来。赛季进球榜上，加贝托打进14球，费拉里斯打进12球，马佐拉打进10球，都灵队的火力愈发猛烈。随后的意大利杯决赛上，奥索拉梅开二度，加上费拉里斯和马佐拉的进球，都灵队以4比0击败前一个赛季的冤家威尼斯队，成为意大利足球历史上的第一个双冠王。

这个时候，意大利在二战中的局势愈发不利，球员们也面临被征召入伍的危险。意甲各队开始想办法将球员注册到重要军工企业中，比如都灵就和菲亚特合作（当时尤文图斯还不是菲亚特的），成立了都灵菲亚特队，意思是球员们在军工企业中都是不可或缺的，这总算保留住了意大利足球的财富。不过，随着美军在南部登陆，意大利南北间的铁路线也遭受了巨大破坏，联赛只能暂时分成南北两个赛区各自进行，所以1943年至1945年两年间没有了所谓的意甲冠军，否则都灵队的连冠伟业绝对要盖过尤文图斯的五连冠。

1945—1946赛季就是都灵队与尤文图斯队的竞争，直到最后一轮都灵队以9比0大胜利沃诺队，而尤文图斯队被那不勒斯队以1比1逼平，公牛捍卫了球衣上的意甲冠军标志（这还是1942—1943赛季的冠军），真正的大都灵时代开启。头号球星马佐拉以29球加冕最佳射手，"红色公牛"的铁蹄驰骋亚平宁。

此后两个赛季，都灵队的优势越来越大，1946—1947赛季都灵队以10分优势压倒尤文图斯夺冠，并且打入104球，比尤文图斯队（83球）多出21球。1947—1948赛季，都灵队超出尤文图斯队16分，进球则达到恐怖的125球，第二名AC米兰队才打进76球。

这个时期，波佐依然是意大利国家队主帅。一方面都灵太出色了，另一方面波佐本来就是"都灵的自己人"，所以国家队长期被都灵球员们占据，比当今尤文图斯掌控意大利国家队还要厉害。上文提到过，与匈牙利队的那场比赛中，意大利国家队由10名都灵球员和1名尤文图斯球员组成。其实，意大利国家队其他时候也多为八九名都灵球员，当时意大利媒体和球迷调侃意大利国家队是"蓝色公牛"。

## "宇宙队"都灵应邀前往葡萄牙

所谓物极必反，也许"公牛"过于"逆天"了，甚至被上天妒忌，1949年的苏佩加空难成为都灵乃至意大利足球历史的重要转折点。

悲剧要从1949年2月27日的一场国家队友谊赛说起，七名都灵球员出战，意大利队4比1击败葡萄牙队。赛后，双方一团和气，去了酒吧。葡萄牙队的著名球星、队长费雷拉（效力于本菲卡俱乐部）马上就要退役了，打算在赛季末举办告别赛，已经联系了意甲的博洛尼亚队去捧场。

当时都灵队可是如今"宇宙队"的概念。1948年都灵队访问巴西，被巴西人热捧，甚至随后的著名巴西球星阿尔塔菲尼起步时都被称为"小马佐拉"，可见当时都灵队的影响力。所以费雷拉动了请都灵队去捧场的念头，马佐拉也是性情中人，觥筹交错中就答应了下来。

都灵老板诺沃一开始并不同意，因为告别赛日期是5月3日，正逢联赛冲刺阶段，国际米兰队追得挺紧，诺沃不希望一场友谊赛扰乱了连冠大业。但是马佐拉坚持道："要是连说话都不算数，还踢什么球？做什么人？"最后老板和队长达成协议，4月29日如果都灵队能在圣西罗不输给夺冠对手国际米兰队，基本确定夺冠，球队就可以去葡萄牙打友谊赛。比赛的结果是0比0，联赛夺冠已无大碍，诺沃便同意球队去葡萄牙了。马佐拉本来有点伤，朋友都劝他别去了，但组织者不可能不去。本来诺沃也要陪同球队前往，但因为感冒留在了都灵城，算是因祸得福。

因特殊原因没赴这趟"死亡之旅"的还有几位。功勋教练波佐本来是有位置的，他卸下国家队教鞭后也没有太多事情，准备去葡萄牙，但那些年诺沃对波佐频繁使用都灵球员参与国家队比赛不满，导致两人关系冷淡，再加上波佐在第二次世界大战后一度被定义为"法西斯帮凶"，诺沃不喜欢波佐陪同球队，这反而让老帅避免了意外。当时的"意大利好声音"、广播员卡罗西奥也应邀前往，但他的儿子参加一个宗教仪式需要他参加，于是他逃过一劫。

球队方面，主力后卫托马因伤没有成行，是大都灵队唯一保存下来的主力。二号门将甘多尔菲也留了下来，因为主力后卫阿尔多·巴拉林请求诺沃派他的弟弟、都灵三号门将迪诺·巴拉林去葡萄牙。甘多尔菲对此很失望，结果巴拉林兄弟一去不回，反而是甘多尔菲得以幸存。

1949年5月3日，在里斯本国家球场，4万观众观看了这场欧洲最好的两个俱乐部之间的较量，最终本菲卡队以4比3取胜。大家踢得很尽兴，观众也买账，老队长费雷拉很感动，赛后对马佐拉说："兄弟，谢谢你。"

那天晚上，大家继续去酒吧庆祝，球员们一点都没有担心过回程会有什么问题。反而是取代波佐随队来到葡萄牙的《新闻报》记者卡瓦雷罗有不祥的预感，他的最后一条电话报道是："今天早上都灵球员起得都很早，大家准备回程了。大概17点到都灵，我听说天气不太好，希望风雨别让我们跳得太厉害……"

## 风雨中的死亡航班

5月4日早上4点，都灵队所在地区开始大雨磅礴，这是至少50年不遇的暴风雨天气。这架菲亚特G212飞机从里斯本起飞，途经巴塞罗那时停了一下以补充燃料。在机场，都灵队遇到了AC米兰队，大家都是熟人，米兰人是去马德里打友谊赛，也是此前意大利队以3比1击败西班牙队的比赛后俱乐部之间敲定的。两队分道扬镳，却已然生死相隔。

　　5月4日下午，航班再次起飞航向都灵，但天气情况实在太差，塔台曾经建议航班去米兰降落，再坐火车回都灵，但飞行员过于自信，坚持返回都灵。按照计划，16时50分，航班就应该出现在都灵机场附近了，可塔台一直没有在雷达中观察到这架航班，无线电通信也没有任何回答。

　　直到17时，航班终于回复："我们正在萨沃纳上方，海拔2000米，20分钟后到达都灵。"17时02分，塔台再次发出一条消息："云层密集，雷电交加，能见度不到40米，如果你们一定要降落，只能盲降了。"航班随机回话，这也是这架死亡航班的最后一条消息："谢谢你，知道了，我们马上飞过苏佩加山。"然后，就没有然后了。

　　17时05分，苏佩加山顶的修道院处，发出一声巨响，就像地震一样，修道士们和在附近餐馆吃饭的游客们感到惊吓，纷纷前往探查，结果发现了一架坠毁的航班。这架航班直接撞到了修道院正面的花园外墙上，直到今天，这面残缺不全的外墙依然被保留，以纪念那些逝去的生命。

　　后来的调查中发现很多疑问，几分钟前飞行员还报告说在海拔2000米高度，为何一下子就撞到了海拔只有669米的苏佩加山顶？根据飞机的遗骸判断，飞机在撞毁前机头向上，应该是在拔高高度。

　　调查显示，飞机的高度仪器失灵了，哪怕坠毁后，数字依然停留在2000米。飞行员很可能是被迷惑了，风雨交加中根本不知道飞机已经下降到了如此低的高度，在能见度40米的情况下，发现面前是苏佩加山脉时再拉高高度，但飞机的时速是180公里/小时，一切挽救措施已经没有意义，死神已经张开了怀抱。还有报告说，当时飞机已大幅度偏离航线，应该是被风雨带偏了，乃至飞行员看到苏佩加山的时候，意识中还认为山脉应该在飞机的右侧。

## 拼遗体，靠波佐

死亡航班中的31人无一幸免：20名球员、2名官员、2名教练、3名记者、4名机组成员。当时参与灭火的人以及参加搜救的人都不知道，这架航班上的人是都灵队成员。直到有人发现了一张都灵队海报、两件残缺不全的血红色都灵球衣，人们才发现这个残酷的事实。消息渐渐扩散开去，整个意大利疯狂了，各种电话打到俱乐部、警察局、医院、消防局，"难道真是他们？""不会吧？""上帝宽恕我们吧！"

日后的国际米兰队巨星桑德罗·马佐拉那时还很小，留在家中看着窗外喧嚣的人群和一辆辆疾驰而过的汽车，还不明白究竟发生了什么。"但那时我就有种不好的预感。"很多年后小马佐拉回忆道。1964年5月27日的欧冠决赛场上，国际米兰开启大国际时代的那场标志性胜利，小马佐拉梅开二度击败皇家马德里队。对方门将是已经不再年轻的匈牙利巨星普斯卡什，他在赛后对小马佐拉说：

"我认识你的父亲，今天我明白了，你完全继承了他的天赋。"普斯卡什第一次与老马佐拉相遇，正是在1947年11月意大利队对匈牙利队的那场友谊赛上，10名都灵球员在场，创造了一家俱乐部提供国脚数量的意大利纪录。

机场塔台很快也明白发生了什么，因为再也没有航班的回话，一个打来的电话打破了所有人还保存的渺茫希望。工作人员目瞪口呆，一声、两声，哭泣声渐渐传遍整个塔台、整个都灵、整个意大利。

在通向苏佩加山的公路上，无数汽车、自行车、行人都要去探个究竟，想去亲自验证那消息不是真的……最终几千人被挡在了苏佩加山下，政府已经启动了紧急预案，进行搜救和死者辨认工作。搜救其实已于事无补，飞机已支离破碎，更何况人。

功勋教练波佐是第一批到达现场的，他是真正能帮助警方辨别遗体的人，因为很多遗体都已经支离破碎。辨认、拼凑工作是波佐忍痛完成的。"我都不知道那时我的感觉是什么，很多人的身体分成了四五部分，但我认识他们，因为我经常与他们在一起，除了脸，还可以看衣服，看领带，看戒指，所有所有，我不能让他们错误地拼凑在一起！"十年后波佐才敢再去回忆那晚发生的事情。

波佐到来后，警察们也明白专家来了，一名警员专门在波佐身后记录着。波佐和助手们靠着放大镜，一点点地分析和拼凑，被甩得很远的四具遗体也被找到。马尔特利和马罗索的两具遗体实在无法辨认，利用了排除法才算确定下来。

那是一个风与雨的夜晚，泪水冲刷着苏佩加山顶的狼藉，却无法洗去意大利人心中的痛。

在随后举行的葬礼上，都灵城里参与送别的人达到100万，那个时候，绝不仅仅是都灵人，全意大利的足球人、普通人都汇聚到都灵城，为这支伟大的球队送上最后一程。接下来的联赛即便其他球队都认同冠军归属都灵队，但都灵仍然坚持派出了青年队。小公牛们以全胜完成了联赛，这也是"大都灵时代"的终点。

此后的赛季，几乎全军覆没的都灵队无法再重整旗鼓，加上尤文图斯、AC米兰双雄的崛起，都灵队连续几次以大比分输给强队后，老板诺沃在1953年9月正式离开都灵。伟大来得不易，却消失得那样突然。让我们记住那一年，1949年，中国的己丑牛年；5月4日，金牛座周期——铁蹄飞踏亚平宁的公牛最终倒在了苏佩加山前。

意大利国家队遭受了灭顶之灾，近在眼前的1950年世界杯还必须坐船前去。尤文图斯队的射手博尼佩尔蒂回忆："他们指着飞机说，那将是棺材。"谁还敢坐飞机？去世界杯成了生死挑战。

于是，人才断档，军心涣散，接下来的三届世界杯坎坎坷坷，意大利队再无佳绩。有人要问了，难道其他球队就找不到像样的国脚吗？当时的局面是，好的本土球员都在都灵队，尤文图斯队和AC米兰队在那时更多是依靠外援打天下，随着都灵队的覆灭，意大利本土球星缺失，这才有了接下来几年大规模"归化外援"的趋势。接下来一章，我们将讲述意大利队"雇佣兵"的历史。

# 六、"雇佣兵"的尴尬

　　这要从2014年冬季转会市场的一个转会说起。奥斯瓦尔多从英超南安普敦队以租借方式加盟尤文图斯队，就算在被称为"老妇人"的尤文图斯队当替补，奥斯瓦尔多也要来都灵。原因何在？阿根廷人奥斯瓦尔多得到意大利队主帅普兰德利的征召，成为意大利足球历史上第39位"外籍雇佣兵"。为了世界杯的梦想，因为桀骜不驯被普兰德利开除出联合会杯大名单的奥斯瓦尔多，也要来到"国家队集中地"尤文图斯队，这里自然能更多地吸引普兰德利的目光。

　　2014年3月5日，意大利队对战西班牙队的友谊赛上，除了奥斯瓦尔多、莫塔之外，另一名"雇佣兵"出现了，他就是帕尔马的后卫、阿根廷人帕莱塔，这让意大利队历史上的雇佣兵达到40人。最有意思的一幕是帕莱塔防守西班牙队从巴西召来的迭戈·科斯塔，一个阿根廷人和一个巴西人的对抗，却出现在意大利队和西班牙队的比赛中。

## 联赛初期，规则不严

所谓雇佣兵，就是哪儿给钱就去哪儿的球员。"Oriundo"（意文，雇佣兵）一词是中世纪发明的，是指一群抱着十字弓、拿着长剑的游侠们在城邦之间讨生活，帮这个或那个领主打打仗。虽然"雇佣兵"一词不那么好听，但它已经逐渐演变为意大利足球史上不可分割的一部分。

意大利职业联赛创立之初，外援的大门就打开了，国家队也出现了各种归化现象。尤其是在语言相近的情况下（意大利语和西班牙语的关系就像一个国家的两种方言一样），大量阿根廷和乌拉圭球员进入意甲，甚至是意大利国家队。那个时候还没有什么严格的官方制度，直接换国籍、换国家队都很普遍，就算要弄个意大利国籍也非常容易。

近年来，随着欧洲联赛开始限制非欧盟外援，各种"寻祖活动"才开始兴起。第一次和第二次世界大战前后，大量意大利移民去了北美洲和南美洲。在意大利移民潮的背景下，阿根廷球员非常容易从族谱上找出一两个亚平宁亲戚，进而获得意大利身份，前几年在意甲有过的假护照事件也是这种雇佣兵现象的延伸。

回到职业联赛初期，20世纪初，国际足联和意大利足协针对外援的规定还不完善，所以不仅外援充斥亚平宁足坛，雇佣兵也逐渐成为意大利国家队青睐的对象，1934年和1938年世界杯上都有被归化的雇佣兵。上文描述的"血色公牛惨案"之后，意大利本土球员质量大幅度下降，为了继续在世界杯上取得好成绩，一些非常出名的雇佣兵身披蓝衣也就不难理解了。

雇佣兵在意大利国家队历史上有过精彩，也曾被当作替罪羊；有过世界杯捧杯，也曾预选赛出局。意大利人喜欢争吵的特点，在雇佣兵话题上得到了充分发挥。

一切从头说起。蓝军历史上第一个"外援"是艾比（Emanno Aebi），他父母是瑞士人，但他出生在米兰。艾比绰号"小妇人"，因为他球技细腻，风格华丽。1920年1月18日的友谊赛上，意大利队以9比4战胜法国队，艾比首次亮相就上演了帽子戏法。他第二次上场是在意大利队以0比3输给瑞士队的比赛上，此后他再也没有机会代表意大利队了。

雇佣兵第二人是莫斯卡尔迪尼（Giovanni Moscardini），他是意大利籍父母在外国所生的苏格兰人，于1919年第一次世界大战期间返回祖国，效力于卢凯塞队。1921年，莫斯卡尔迪尼首次代表意大利队出战瑞士队就打入1比1的扳平一球，代表蓝军的9场比赛中，他打入了7球。1979年，他父母籍贯所在地巴尔加市的市政府球场，正式以他的名字命名。

接下来是意大利队历史上第一位阿根廷外援——利博纳蒂（Julio Libonatti），他的进球效率比莫斯卡尔迪尼更恐怖，在17场国家队比赛中打入15球。18岁时，利博纳蒂就披上了阿根廷国家队战袍，在18场比赛中攻入8球，还参加了1921年的美洲杯并助阿根廷队夺冠。

夺冠后，利博纳蒂徒步十几公里，扛着奖杯走回布宜诺斯艾利斯的市中心。利博纳蒂的出色表现赢得了当时都灵老板马罗内的青睐，于是1925年夏天，利博纳蒂登陆意甲，帮助都灵迅速夺冠。这个冠军头衔后因都灵行贿被剥夺。1926年10月28日，在对奥地利队的友谊赛中，利博纳蒂第一次代表意大利国家队出场，"阿根廷帮"开始"介入"蓝军，当时国家队的顾问是波佐，日后他成为最大规模起用雇佣兵的意大利队主帅。

1929年12月1日，意大利队以6比1大胜葡萄牙队，这场比赛中第一次有两名雇佣兵同时为蓝军效力，他们是阿根廷人奥尔西（Raimundo Orsi）和巴拉圭人萨卢斯特罗（Attila Sallustro）。萨卢斯特罗是一名速度很快的前锋，但在国家队只打了两场比赛。第二场比赛是1932年2月14日在萨卢斯特罗所效力的那不勒斯城，意大利队以3比0大胜瑞士队，萨卢斯特罗上演帽子戏法。这场比赛的历史意义在于，波佐派出了四名"外援"：阿根廷人奥尔西、巴拉圭人萨卢斯特罗、巴西人瓜里西和乌拉圭人费杜洛。

这个数量似乎太多了,墨索里尼的法西斯政府也开始对这种非国家民族主义的做法不满。于是,当波佐决定将萨卢斯特罗的9号球衣交给本土新星梅阿查后,极为热爱萨卢斯特罗的那不勒斯球迷不满了。以至于在意大利队的下一场比赛中,那不勒斯球迷集体嘘了梅阿查,惹得看台上梅阿查的妈妈冲着那不勒斯人举起了国骂手势。

## "阿根廷人"帮意大利队夺冠

奥尔西是历史上第一个真正成功的意大利队雇佣兵。他是一名多才多艺的边锋,平时热爱小提琴,踢球时善于用各种各样的方式进球,甚至用屁股和后背进过球,而且绝不是蒙进的。

又瘦又小的奥尔西是尤文图斯获得5连冠的绝对主力,其第一点球手的地位毋庸置疑。在意大利国家队,奥尔西共出场35次,进球13个。1934年世界杯,奥尔西在前4场比赛中寸功未立,但在决赛中第82分钟远射攻破捷克斯洛伐克队的大门,帮助意大利队追平,才有了加时赛斯基亚维奥锁定2比1胜局的进球。奥尔西与蒙蒂一起成为意大利队夺冠世界杯的"阿根廷功臣"。

蒙蒂(Luis Felipe Monti)是一名强力中卫,说他"粗野"都是客气的,总之他的防守能力极强。他的跑动能力出众,基本能覆盖本方和对方两个禁区。1924年他开始代表阿根廷队出战，1928年夺得阿姆斯特丹奥运会银牌，1930年随阿根廷队在首届世界杯决赛中败给乌拉圭队。1932年他转会尤文图斯队后，迅速站稳脚跟，并被波佐招入意大利国家队。

时至今日，蒙蒂依然是世界上唯一一个代表两个国家队参加了两场世界杯决赛的球员。防守动作粗野的蒙蒂最终也成为野蛮足球的牺牲品。1934年捧杯后去温布利打友谊赛，开场两分钟，蒙蒂就被英格兰队员铲断了腿，意大利队不得不以10人对11人，最后以2比3输球，蒙蒂也渐渐因伤淡出足坛。

1934年世界杯上还有一名阿根廷外援非常出色，那就是瓜伊塔。效力罗马队时，他在1934—1935赛季打入28球，这是意甲只有16支球队（现为20支球队）参加时的纪录。1934的年世界杯上，他在半决赛中打入对奥地利队的制胜一球，决赛中还在加时赛中助攻斯基亚沃打入2比1的夺冠之球。

巴西人范托尼（Octavio Fantoni）是拉齐奥球迷热爱的后卫。他仅仅在对希腊队的比赛中出场过一次，1935年就因一次足球场上的冲撞造成鼻子受伤，引起伤口感染，悲剧离世，成为意大利国家队历史上最不幸的外援。

接下来几年，乌拉圭球员成为被意大利队"归化"的主力，波尔塔、安德雷奥洛、法奇奥、马斯凯罗尼、普利切利等人相继入选国家队。但是，随着意大利本土球员实力的提升，更因为上文提过的，墨索里尼法西斯政府更倾向于让纯正的意大利人代表国家队踢球，所以1938年世界杯上意大利队并无雇佣兵。没有"外援"的意大利队卫冕世界杯，成为当时意大利国内的一段佳话。

## 切萨里尼区域

下面我们要介绍一位名叫切萨里尼（Renato Cesarini）的外援，这位雇佣兵为"意大利语"贡献了一个词条——"切萨里尼区域"。

1931年12月31日，意大利队在友谊赛中对阵当时的霸主匈牙利队，三名阿根廷外援为意大利队进了球，他们是利博纳蒂、奥尔西和切萨里尼，切萨里尼在第90分钟打入了3比2的制胜一球。从那时开始，意大利语中开始有了"切萨里尼区域（Zona Cesarini）"的说法，而且一说就是80多年，20世纪80年代末这个词正式成为意大利语词典中的词条。

"切萨里尼区域"本来指的是不到最后一刻不放弃，但后来逐渐演变成了"不见兔子不撒鹰"，或是吊儿郎当导致最后一刻才做出决定的意思。比如前AC米兰主帅阿莱格里年轻时，在结婚前一天突然逃婚，就被媒体报道为"切萨里尼区域"的又一代表。

也有说法是，这个词条之所以流行，是因为这就是意大利人性格懒散、不到最后时刻不办事的写照。这种特性和切萨里尼本人很接近，才有了一名雇佣兵与一句经典意大利语的结合。

切萨里尼出生在意大利，成长于阿根廷。1929年切萨里尼被尤文图斯队从阿根廷引进，出任中前场，经常能进球，也是尤文图斯队获得五连冠的绝对功臣。可是，切萨里尼非常玩世不恭。有段子说，他养了一只猴，常一边抽烟，一边让猴子坐在自己肩膀上出去遛弯。有时他还坐在广场上弹吉他、参加当地的音乐节等。

对于球队纪律，切萨里尼也从不在乎，经常迟到。训练场上大家都已经练得热火朝天，切萨里尼才慢悠悠地叼着烟卷从出租车里挪出来。他爱喝酒，而且把酒瓶直接带到尤文图斯的老主席爱德华多·阿涅利的办公室里。尤文图斯也总是处罚他，可他的眉头一点不皱，坚持道："如果下一场比赛我进球，那罚款取消。"

切萨里尼的闯祸精神比如今的巴洛特利更强。一次球队参观泳池，不会游泳的切萨里尼说，自己能从最高的跳台跳下来，而且穿着大衣。大家没人搭理他，即使切萨里尼很不靠谱，人们也不相信他能干出这种无聊的举动。结果"扑通"一声，切萨里尼从最高的跳台掉到水中，最后三个人一起才把灌个半饱的切萨里尼拽上来。

总之，一名球员创造了一个词条，切萨里尼不仅是雇佣兵的代表，更是意大利足球的代表，也是意大利人性格的代表。

## 乌拉圭球星成世界杯出局替罪羊

第二次世界大战后，第一个意大利国家队的外援同样来自阿根廷，他就是马蒂诺（Rinaldo Martino）。当时国际足联刚刚修改规则，球员改变国籍三年后才能加入其他国家队，因此马蒂诺代表意大利队只踢了一场就因不合规定被叫停，而这一场还是意大利足协勉强争下来的。

1949年11月30日，意大利队在伦敦以2比0击败英格兰队的比赛前，意大利足协解释了自己对规则的理解。"代表前一支国家队踢球的最后一场后满三年，即可代表新国家队出场。"国际足联没办法，勉强同意，但很快就改了规则：三年指的是在新入籍国踢球的时间。而马蒂诺刚转会尤文图斯一年，只能告别意大利国家队了。

接下来，斯基亚菲诺（Juan Alberto Schiaffino）登场了，他是意大利队历史上最出名的外援之一。这位乌拉圭队传奇前锋，是1950年世界杯乌拉圭队击败巴西队夺冠的进球功臣之一。1954年乌拉圭队也闯入了世界杯半决赛，可惜败于传奇之师匈牙利队。斯基亚菲诺的强劲实力吸引了全世界的目光，最终AC米兰队以创纪录的7.2万英镑将其引进。

斯基亚菲诺在AC米兰队6年，帮助其3次夺取意甲联赛冠军。1958年欧冠杯上，他在半决赛对曼联时上演帽子戏法。决赛中，他的进球没能帮助AC米兰赢取胜利，2比3惜败于迪斯蒂法诺效力的皇家马德里队。斯基亚菲诺当时说，只有迪斯蒂法诺才比自己更配得上世界最佳球员的称号。

斯基亚菲诺的牌子够大了，但他在意大利国家队4年，只上场4次。原因就是前面说到的国际足联章程的修改。1954年斯基亚菲诺登陆意甲加盟AC米兰，理论上1957年他才有资格改变国家队。1954年12月5日，意大利队在罗马对阵阿根廷队，赛前意大利足协征得阿根廷足协同意后上书国际足联，特别批条允许斯基亚菲诺参赛。可阿根廷0比2输球后，阿根廷足协又开始闹腾，迫使国际足联停止了给斯基亚菲诺开便条的做法。直到1957年12月4日，斯基亚菲诺才在与北爱尔兰队的世界杯预选赛中再度亮相意大利队。

这场与北爱尔兰队战成2比2的比赛，足以保证意大利队进军1958年世界杯，可意大利足协以裁判不是国际级为由要求重赛，自讨苦吃。一个月后，1958年1月15日，还是在贝尔法斯特，北爱尔兰队以2比1将意大利队踢出世界杯决赛圈。

于是，斯基亚菲诺的意大利国家队之旅就此结束。除了斯基亚菲诺，同为乌拉圭队1950年世界杯夺冠功臣的吉贾（Alcide Edgardo Ghiggia）、巴西人达科斯塔和阿根廷人蒙图奥里等雇佣兵都成了意大利队兵败世界杯预选赛的替罪羊。

达科斯塔是罗马队著名前锋，与20世纪90年代的前锋德尔维奇奥同为罗马德比进球纪录保持者（12球）。蒙图奥里是佛罗伦萨最伟大的10号球员之一，后在比赛中被球击中耳部，导致看东西都是重影，才逐渐伤退。蒙图奥里也是唯一一个戴过意大利队队长袖标的雇佣兵。

其实，当时在其他国家队的抗议下，国际足联专门为特别爱招雇佣兵的意大利队出台了一条规则：各国家队只允许使用三名雇佣兵。不过，吉贾通过寻根觅祖找到了意大利籍祖先，直接变成了意大利国籍，规避了这条规则。

## 外援大门关闭，当打之年的雇佣兵们懊悔不已

时间进入20世纪60年代，意大利队历史上更著名的外援登场亮相，那就是尤文图斯队的传奇西沃里（Omar Enrique Sivori）和AC米兰队的传奇阿尔塔菲尼（Jose Altafini）。

西沃里与安杰利洛、马斯基奥同为阿根廷国家队成员，他们当时被称为"脏脸天使三人组"，这取材于1938年的一部同名电影。后来三人一起来到意甲，却分道扬镳。本来国际米兰准备将三人打包，但只得到了安杰利洛和马斯基奥。安杰利洛随后成为国际米兰最伟大的射手之一，他在1958—1959赛季的33个进球，依然是意甲单赛季进球纪录。

尤文图斯截获了三人中最出色的西沃里，这位阿根廷人也成为尤文图斯的老板翁贝托·阿涅利的至爱，因为西沃里在1961年夺得

了金球奖。至于三位阿根廷外援的意大利国家队之旅，安杰利洛和马斯基奥都只有两场国家队经历，西沃里则是9场，却足足有8个进球。

阿尔塔菲尼是1958年巴西队世界杯夺冠的功臣、贝利的队友，进球如拾草芥。1958年世界杯夺冠后，他登陆意甲加盟AC米兰，在205场比赛中打入了120球，帮助米兰赢得了1958—1959赛季和1961—1962赛季的联赛冠军。更重要的是欧冠，1962—1963赛季，阿尔塔菲尼在冠军杯中打入14球，这一纪录后来才被梅西追平。决赛中，阿尔塔菲尼梅开二度，帮助AC米兰队以2比1击败本菲卡队，AC米兰队成为第一支举起欧冠奖杯的意大利球队。

这样一位超级射手，当然要被意大利国家队归化，可惜他只有6场出场经历，共打入5球。1962年的智利世界杯，意大利队在小组赛就被淘汰，继1958年之后，意大利队的世界杯之旅又一次失败，而雇佣兵再次成为"罪魁祸首"。意大利足协痛下决心，彻底关闭了归化外籍球员的大门，也将阿尔塔菲尼等人排除在了国家队之外。

问题是，当时阿尔塔菲尼仅仅24岁，却从此无法征战世界杯，这成为世界足坛的一大遗憾。后来，阿尔塔菲尼痛心道："如果我留在巴西队，本可与巴西队一起卫冕世界杯，但我来到意大利，等到的是这个结果……"后来与阿尔塔菲尼一起在那不勒斯队效力的西沃里则抗议道："他们认为都是我们这些外籍球员的错，可根本不是如此，我们成了替罪羊，要知道当时我也才26岁，却再也无法为国家队效力了。"

1964年，国际足联颁布了更加严格的改变国籍法规，当时被称为"白贝利"的巴西前锋索尔马尼（Angelo Benedicto Sormani），成为此后几十年最后一位为意大利队效力的雇佣兵。

其实，在1974年世界杯上，拉齐奥的著名后卫、"英格兰人"威尔逊也曾在意大利国家队短暂替补出场，严格说来他算不上雇佣兵，因为威尔逊的母亲是意大利人，威尔逊拥有意大利国籍。不过威尔逊最大的看点是，他是1974年世界杯更衣室里起义的罪魁祸首以及他在20世纪70年代末身陷"赌球门"。

## 21世纪重开外援大门

接下来三十年，意大利国家队的大门一直对外籍球员关闭着。直到2003年，从维罗纳转会尤文图斯队的阿根廷人卡莫拉内西在意甲中表现异常抢眼，他找到一个意大利祖先，获得了意大利国籍，被时任意大利队主帅的特拉帕托尼征召，参加了2004年欧洲杯。

卡莫拉内西加盟意大利队有两个条件：一是拥有意大利国籍；二是没有为阿根廷成年队比赛过。2002年，国际足联正式通过了有条件开放改变国家队球员国籍的规定，这也算帮成绩不佳的意大利队打开了思路。

特拉帕托尼卸任之后，里皮也对卡莫拉内西信任有加，毕竟是里皮将卡莫拉内西带到尤文图斯的。2006年的世界杯，卡莫拉内西是绝对主力，决赛更是首发出场。最经典的还是他将马尾辫在夺冠之后的球场上直接剪掉，只不过他拒唱意大利国歌，也制造了一些麻烦。

接下来轮到巴西人阿毛里，同样，他因为转会尤文图斯后表现出色，引起了意大利国家队的兴趣。2009年年初，巴西队与意大利队有一场友谊赛，巴西队征召阿毛里，阿毛里却拒绝了，因为他希望代表意大利队出战，他相信在意大利队机会更多。不过，当时办理意大利护照的程序过于复杂，他没有意大利祖先，只能通过意大利妻子来入籍，结果没能入选里皮的2010年世界杯阵容，不知道阿毛里是否会后悔拒绝了巴西队。2010年世界杯后普兰德利上任，他在第一场意大利队对阵科特迪瓦队的比赛中就征召了阿毛里，可惜当时阿毛里在尤文图斯的状态急剧下滑，虽然有了意大利身份，却再无机会入选意大利队。

普兰德利还给了阿根廷人莱德斯马机会。2010年11月对罗马尼亚队的友谊赛是莱德斯马此生唯一一次国家队经历。"我会唱意大利国歌，根本不是雇佣兵，我就是一个意大利人……"常年生活在意大利的莱德斯马，找到意大利祖先，便认为自己不再是外国人，不过他在拉齐奥的表现不温不火，再也无法入普兰德利的法眼。

普兰德利更看重的还是从国际米兰挖掘来的巴西人莫塔。莫塔代表巴西青年队出战过，没有入选过成年队，才有机会为意大利队效力。其实，莫塔出生时就拥有意大利国籍，作为双国籍球员，他有权选择国家队。

2010年，莫塔随国际米兰拿下欧冠、意甲、意大利杯三次冠军，2011年2月6日对德国队的友谊赛前，普兰德利将这位三冠功臣招至帐下。莫塔28岁时开始征战国家队，算是一个老雇佣兵。虽然意大利国内有不少反对的声音，因为莫塔年龄已经不小，而且意大利中场本土资源不少，但普兰德利依然对这位中场全才信赖有加。2012年欧洲杯决赛上，莫塔遭遇尴尬，替补出场却受伤离场。这时意大利队已经换满三人，10人打11人坚持打完剩下的比赛，结果0比4兵败西班牙队，莫塔也成为在欧洲杯决赛中上场时间最短的球员。

仔细算起来，巴洛特利也并非纯正的意大利人。他是加纳籍父母所生，后被意大利籍父母收养，才拥有了意大利国籍，如今已成为意大利国宝。

本章开始提到的奥斯瓦尔多，出生在阿根廷，但很快找到意大利祖籍，2006年登陆亚平宁足坛后，毫不犹豫地认祖归宗，并连续入选意大利21岁以下队和奥运队。从2011年欧洲杯预选赛开始，奥斯瓦尔多固定地为意大利队出场，只不过他脾气太臭，在罗马队效力时拒绝参加意大利杯决赛的银牌颁奖典礼，被普兰德利处罚，拒绝招入联合会杯，直到世界杯预选赛才回归球队。

意大利人排外性比较强，但关键时刻又需要雇佣兵帮忙。有争议、有成绩的雇佣兵们在意大利足球历史上留下了浓厚的一笔。

# 七、圣地亚哥之战

　　阿尔塔菲尼、西沃里等人是意大利足球历史上伟大的球星，更代表了意大利雇佣兵时代的终结，他们的国家队终结之战在1962年世界杯上上演，这也是继1958年世界杯预选赛失败后，意大利国家队的又一次噩梦。

　　小组赛被淘汰，意大利队提前打道回府。确实是"打"，因为意大利队就是被"打出"智利的。在足球一百年多的历史上，1962年6月2日世界杯第二轮小组赛意大利队0比2告负智利队一战，被称为最脏、最违背体育道德、最火爆的一场比赛，它充分代表了那届世界杯的"性格"，这就是本章要讲述的"圣地亚哥之战"。

## 大地震无法阻挡世界杯的举办

20世纪60年代初，随着意大利国际贸易的兴起和经济的复兴，国内一片欣欣向荣。洗衣机刚刚普及，"你用洗衣机了吗？"成了那个时代的著名口头语。还有家喻户晓的Fiat500（菲亚特500）正式下线，小轿车也逐渐流行。在足球界，意大利也即将迎来盛世。1963年，AC米兰代表意大利首捧冠军杯，1964年和1965年，国际米兰连夺两座冠军杯，建立"大国际时代"。乐观精神充斥着那个时代的亚平宁，那里的人们甚至有些骄傲和自大。

在这样的气氛下，急于为1958年世界杯报仇雪耻的意大利足球人，早就酝酿着在1962年世界杯上大展拳脚，否则也不会急急忙忙地将阿尔塔菲尼这样的贝利夺冠队友以及西沃里这样的外籍天才重金招入国家队。

但是，这也导致意大利队内部问题多多，再加上足协政治斗争不断，这届世界杯从一开始，意大利国家队内部就出现了裂痕，导致球员们的心思并不全在比赛上。急躁、迷茫、心浮气躁，这都为日后的"圣地亚哥之战"埋下了种子。

1962年世界杯在智利举行，在那个时代，智利的经济和社会发展水平还非常落后，但国际足联希望时隔12年后世界杯能重回南美洲。在竞选国中，除了智利，还有阿根廷和意大利。最终获胜的是智利，因为巴西强烈支持智利，巴西人可不希望世界杯在死对头阿根廷那里举行。

插一句后话，1962年世界杯半决赛上，巴西队淘汰了智利队，世界杯夺冠功臣"小鸟"加林查被罚下场。事后巴西上下从总统到民众都为加林查求情。不过加林查最终逃过停赛，"受害人"智利的宽宏大度才是重要原因，巴西与智利在这届世界杯前后的关系可以想象。

在世界杯申办战中，意大利早早就因为大洲问题被排除（上一届世界杯在瑞典进行），但这并不妨碍意大利人记恨最终的东道国，以小心眼去挑人家毛病。

我们的故事还需要一些背景介绍，1960年5月21日下午，智利发生了有记录仪器以来最严重的一次地震，持续11分钟的9.5级强震给智利当地居民带来了巨大灾难。智利大地震持续了几乎一个月，共220多次余震，其中7级以上的就有10次，8级以上的也有3次。整个智利支离破碎，到处都是碎石与灾民，有统计的死亡人数高达3000人（也有的统计数字为5700人、6000人等），200万人无家可归。那是一段令人绝望的时光。

世界杯给了这个国家希望。这时距世界杯举办只有两年时间，有人士认为从条件和安全角度考虑，世界杯应该挪到阿根廷举办。

"我们已经一无所有，不能再夺走世界杯。"这是智利人的心声。智利最终保留了世界杯主办权，在极为困难的条件下举办了世界杯。

## 意媒贬低智利，埋下祸端

在一些意大利人眼中，智利原本就不发达的经济和社会条件，在地震的打击后更加一无是处。意大利国内大肆报道，并多有舆论引导："智利不配举办世界杯……"《晚邮报》的基雷利和《民族报》的皮齐内利这两名意大利记者，在世界杯前先期探访了智利，他们的报道是世界杯上"圣地亚哥之战"的直接导火索。引用当时的报道就能明白他们点了什么样的火，为自己的国家队埋了多大的雷。

基雷利写道："智利很小，很穷，但智利人很骄傲，他们接受世界杯主办权，就像墨索里尼当时派我们的空军去轰炸伦敦一样（自不量力）。他们的首都仅有700张床；电话不通；出租车少得就像忠诚的丈夫；电报太贵了；寄信要5天时间……"

皮齐内利的文字更加夸张："营养不良、妓女、文盲、酒鬼，这里到处都是可怜人。人们就在露天里做爱，这里几乎是智利悲惨的写照，圣地亚哥就是一座痛苦生活的城市，这座城市的灵魂正在灭亡。这里就是世界的边缘，是无尽的悲惨之城。"后来有说法是，皮齐内利根本不是体育记者，而是社会新闻记者。所以他根本没考虑过自己的文章会对足球产生什么影响，而是将注意力和笔锋集中在社会民生上。

智利人出离愤怒了，无论事实如何，这样露骨地批评一个国家、一个即将迎接世界杯的国家，谁都无法接受。智利人开始要求遣返这两名记者乃至所有意大利记者和球迷。据说有一名阿根廷记者，因为被误以为是意大利人，在下榻场所被群殴。

另外，南美人早就对意大利队"善用"雇佣兵感到不满，毕竟意大利人夺去的都是南美足球的宝贵资源，所以智利人作为这次南美的地主，要代表南美兄弟们收拾下意大利人，收拾下这群有点臭钱就了不起的意大利人。

"我们也看到过意大利南部的贫穷，但我们更愿意谈论你们的威尼斯和佛罗伦萨（文艺城市）。"智利媒体的反击直指意大利痛处，当时意大利北方经济的发达基本是以牺牲南部为代价换来的。

世界杯前，意大利队成了智利最不受欢迎的客队。不知是命运还是人为安排，意大利队被分在智利队所在的小组，同组的还有西德队与瑞士队。西德队当时已经是准强队，而瑞士队在预选赛中淘汰了前一届世界杯亚军瑞典队，所以这个小组被称为"死亡之组"。不少智利媒体造势说："世界大战开始了。"智利人做好准备，要好好"招待"意大利人。世界杯就在这样的氛围下开始了。

这届世界杯可以说是足球历史上最"野蛮""粗糙"的一届世界杯，各种犯规、冲突充斥着比赛。最后的统计显示，一共有30多名球员受伤，几乎每场比赛都有人挂彩。最可惜的是贝利——上一届世界杯的球王，在小组赛第一场就被踢伤。后来幸亏有"小鸟"

加林查等人帮助巴西卫冕成功。总的来说，智利世界杯充满一种浮躁和反足球的思绪，踢人比踢球更流行，华丽足球似乎一下子成为敌人。大环境如此，就更别提愈发水火不容的意大利队和智利队。

第一轮小组赛意大利队0比0与西德队战平，智利队则3比1击败瑞士队。这下，第二轮智利队与意大利队的交锋，就成了极为关键的出线之战。意大利人也明白，第二轮小组赛中西德队击败瑞士队问题不大（最终结果2比1）。所以意大利队如果无法击败智利队，出线形势将十分不妙，如果输给智利队，甚至会导致小组最后一轮智利队与德国队以平局携手出线。

意大利人知道自己在智利多么不受待见。事后，教练组成员费拉里回忆说："那场输球有很多原因是赛前造成的，那些记者的报道彻底点燃了智利人的怒火，而我们却成了真正的受害者。"

在这样的背景下，"圣地亚哥之战"上演，6.6万名智利球迷拥挤到圣地亚哥的民族体育场，"欢迎"意大利队。意大利队其实也想化解一下两个国家的矛盾，出场时人人手捧一束康乃馨，一边走一边送给场边的球迷，但这换来的却是漫天嘘声和咒骂，使意大利人颇为尴尬。另一边，智利队队员的眼中是对比赛的饥渴。意大利媒体后自嘲说："这已经不是足球赛，而是世界大战了，我们又被迫参战了……"

## 意大利内部混乱不堪

具体到阵容上，教练组合马扎和费拉里一下子更换了首战的6名队员，队员之间因此不乏各种"争风吃醋"。本来阿尔塔菲尼上不了场，但中午吃饭时，阿尔塔菲尼在教练们面前做出各种高难度动作，证明自己状态极佳，于是他如愿以偿地上场了。

这里需要说的是，这届世界杯上意大利足协的混乱和代表团的内部斗争。意大利队主帅是费拉里和马扎的组合。费拉里那时在足协担任顾问，主项是科维尔恰诺基地的建立和运营，算是渐渐向办公室发展。1958年世界杯维亚尼离职后，意大利队没有太多比赛任务时，费拉里就选选人、带带队。而马扎则是当时意甲斯帕尔俱乐部的主席，兼任意大利职业联盟副主席，是足协主席帕斯夸莱的重要合作伙伴，是足协和国家队真正有权力的人。

问题是，费拉里与马扎的足球哲学完全不同。费拉里出身尤文图斯队，打的是进攻足球；马扎是小球队老板，信奉防守足球。所以，他们在用人和打法上经常出现冲突。"那届世界杯根本不是我的错，因为在所有争议中，我都会让马扎做出决定，他是能拿主意的人。"费拉里后来回忆道。

实际上，这届世界杯意大利队的教鞭应该交给"大国际时代"的创立者——"阿根廷魔术师"埃雷拉。当时很多俱乐部的主帅在大赛期间都会去执教国家队。足协的想法是让费拉里与马扎辅助埃雷拉，但埃雷拉知道马扎会进入教练组后，表示了拒绝。他很清楚马扎不是听命令的人，肯定要给自己添乱，所以埃雷拉在那届世界杯上是带领西班牙队征战的。

埃雷拉说"不"后，足协希望将教鞭交给罗科，这位AC米兰的传奇教练也是未来帮助AC米兰赢得欧冠的主帅。在当时1961—1962赛季意甲联赛的冠军就是AC米兰，而那届世界杯意大利队的阵容中就有不少来自AC米兰的球员，所以球队由罗科执教最合适不过了。

那个夏天，早就想执教意大利国家队的罗科已经到巴西了，还是AC米兰掏的机票钱，他准备随时去阿根廷，与在那里集训的意大利国家队汇合，然后再去智利。但是罗科犯了一个错误，他给意大利体育史上最著名的新闻记者之一布雷拉写了封信，抱怨并痛骂了即将成为教练组搭档的费拉里和马扎。这倒也符合罗科直来直去的性格。然而，布雷拉却将这封信发表在媒体上，导致费拉里与马扎勃然大怒，联合抵制罗科。

据说，罗科在阿根廷下了飞机后，AC米兰的队长老马尔蒂尼找到罗科说："教练，您最好别让人们看到你，出乱子了……"罗科这才知道信被公布了，最终只能离开国家队。因为罗科不仅骂了费拉里和马扎，一些他看不上眼的非AC米兰球员也无辜被骂，在这种情况下，罗科不可能带领球队出征世界杯。

费拉里其实早就不想做傀儡了，而马扎却信誓旦旦地说要斩获冠军。马扎的一个创造就是将意大利队分为了A队和B队，在世界杯开赛前先打了热身赛。马扎对此的解释是："意大利队员的体力都不好，不可能3天打两场比赛，所以要准备两套阵容。"马扎还专门请了几家体育报纸的记者担任顾问，参与排兵布阵。

意大利队0比0战平德国后，发生了著名的"地板"事件。替补后卫戴维德和阿根廷雇佣兵西沃里住在一个房间，他们的楼下就是马扎的房间。地板是木质的，隔音效果极差。马扎把费拉里排除在外，带着几个记者顾问在晚上商量阵容，被西沃里和伙伴们"窃听"了全过程。马扎的意思是，目前的阵容不行，必须更换，三言两语就换了6个主力。当然，里面也有不少污言秽语。此事被西沃里在世界杯后公布出来，又引发了不少争议。

## 拳击手胖揍意大利人

在内部混乱中，意大利队迎来了强大的外敌——东道主智利队，圣地亚哥之战打响。

意大利队的阵容中，都灵队中场费里尼以及AC米兰队后卫戴维德都是主角，尤其是费里尼，脾气极为火爆，场上动作很大。一位都灵队后辈后来回忆说："我在青年队时，一次与成年队踢内部训练赛，面对费里尼时，他永远是脏话不断、拳打脚踢，让我烦不胜烦。最后我忍不住了，给了他一肘子，他说，'好了伙计，你现在算是都灵队的一分子了。'"从这个故事就能看出费里尼的比赛风格。

开场仅仅7秒，智利队就来了第一次凶狠的犯规，比赛进入了身体大战的节奏，各种犯规、踢人不断。第7分钟，费里尼似乎被特意选成了首要目标，智利队中场兰达铲翻了费里尼。费里尼忍无可忍进行报复，推搡对手，却被当值主裁判英格兰人阿斯顿罚出场外（当时还没有红牌，只是罚出场外）。

阿斯顿在国际上声望很高，几年后，他发明了边裁的小旗子，也发明了红黄牌制度（在1970年世界杯上推行）。阿斯顿还是智利队首战3比1击败瑞士队的主裁，如此连续执法同一支球队的比赛，而且这支球队还是东道主球队，很难说里面到底有些什么问题。须知，当时国际足联的主席是英格兰人斯坦利·劳斯，而国际足联与智利在这届世界杯上可谓通力合作。

费里尼非常不满主裁判的判罚，双方强烈争执，围作一团。费里尼执意不离场，最后是场边的警察入场，才勉强将费里尼"逮捕"出场。就在费里尼向英格兰主裁强烈抗诉的时候，智利队的桑切斯一记"黑拳"打向了意大利队的马斯基奥，直接打断了这位阿根廷雇佣兵的鼻子。那个时候还没有换人规则，马斯基奥只能挺着被打断的鼻子继续比赛。

桑切斯的"黑拳"为何这样厉害？因为他老爹是智利一名冠军级别拳击手，家传的法宝在世界杯场上得到了充分展现。桑切斯的故事远没结束，第38分钟，桑切斯沿着左路突破到意大利底线附近，戴维德成功断球，桑切斯倒地后，戴维德试图将球从桑切斯身旁踢走，脚碰到了桑切斯，而这其实多少有点挑衅的意思。桑切斯能忍吗？他上来就是一拳，打在了戴维德的脸上，幸亏鼻子没断，但不免一番推搡和争吵。场边不少智利工作人员也围了上来，冷不丁就给意大利球员一拳、一脚。这一次主裁阿斯顿依然没有处罚"拳击手"桑切斯。如果说上一次打断马斯基奥鼻子的那一拳，阿斯顿因为正在和费里尼争论而没有看到，尚算情有可原，但这次一切发生在球所在地，阿斯顿如何看不到？墨西哥边裁为何不说明情况？

意大利队少了一人，多人受伤，在如此巨大的嘘声中，又遇到了这样一个偏向性极为明显的裁判，意大利队员的心理有些撑不住了。

几分钟后，戴维德在前场一次拼抢高空球时，直接开启"佛山无影脚"，飞向不久前打了自己的桑切斯，其实他并没有真正踢到，但这已经给了阿斯顿足够的理由，他第二次将意大利队员"请"出场外。智利警察这次聪明了，直接上来就带人。后来也有说法称，被智利警察带去更衣室的路上，之前的费里尼和这次的戴维德都被重点"照顾"了几下。不得不说一下桑切斯，在世界杯后，桑切斯还去AC米兰试训过一小段时间，当着镜头与戴维德握手言和："我们是好哥们儿。"这让很多人瞠目结舌。

意大利队以9人对11人，坚持了整整73分钟。这已经不是足球比赛了，各种肢体冲突在圣地亚哥国家球场上上演着，似乎这里的6.6万人看的是一场自由散打。意大利人也火气十足，但因为前面两人被罚下，只能忍受。比赛的最后时刻，智利队连入两球，以2比0完胜意大利队。至此，意大利队小组出线的可能性微乎其微。小组赛最后一轮，意大利队虽然以3比0大胜瑞士队，但还是只能以小组第三的成绩提前回家了。

## 骂智利，也骂英格兰

当时著名的英格兰解说员柯雷曼通过电台向国内解说这场比赛时说道："下午好，我们正在收听的不是一场正常的足球赛，而是足球历史上最愚蠢、最丑陋、最耻辱的比赛……"

当时还没有电视转播技术，只能靠录像带的邮寄实现视频传播。所以6月2日下午，意大利国内的球迷一边看着两天前意大利队与德国队的0比0之战，一边听着自己的国家队被智利人痛揍、被英国人陷害的丑闻。

当然，声音无法完全呈现圣地亚哥之战的惨烈。两天后，录像带寄回意大利，国家电视台播放了这场比赛录像之后，意大利球迷哗然了，这是赤裸裸的欺负啊，意大利就这样被淘汰了……从那天开始，意大利警方不得不派人保护智利外交人员，时间长达1个月。

意大利国内的媒体和球迷开始了大规模的抗议，不仅向智利，也向英格兰。直到2002年世界杯，意大利队被厄瓜多尔裁判莫雷诺"陷害"，意大利球迷才又有了一个在被憎恨程度上与阿斯顿匹敌的裁判。

阿斯顿后来回忆说："我执法的并不是一场足球比赛，我在为一场军事较量做裁判。其实我当时已经意识到比赛的演变方向，我希望中止比赛，但我相信，如果我真做了这个决定，现场会有更大的事情发生，我不敢做出这样的决定。"

这就是1962年世界杯的特点，"杀伤足球"向"美丽足球"全面挑战。1958年的巴西队给了人们太多震撼，扼制美丽足球的对策就是"踢人"。智利队几乎凭借同样的办法把苏联队淘汰。直到半决赛遇到盟友巴西队，虽不好意思"特别行动"，但也是一阵拳打脚踢。好在巴西队凭借强大的实力挺进决赛，直到最后夺冠，为美丽足球正了名。

这届世界杯给意大利队带来了巨大影响，首先是几名外籍雇佣兵被当作替罪羊，国家队大门向他们永远关闭了；其次，意大利足球人挨打的故事广为流传，尤其是敌对球迷经常以此为讽刺例证。"软蛋意大利人"是当时英格兰不少极端球迷的口头语。直到今天，很多英格兰人依然看不起意大利足球。在他们看来，意大利足球人就是娘娘腔和挨揍了只会哭的软蛋。1966年世界杯恰恰在英格兰举行，意大利队兵败朝鲜队被淘汰后，又被奚落了一遍。

# 八、被朝鲜牙医惩罚

　　还记得2002年韩日世界杯上意大利队与韩国队的比赛吗？赛前一面看台用"1966"的图案装点，结果加时赛上安贞焕的头球将特拉帕托尼的意大利队顶出世界杯舞台，成为意大利足球历史上的又一次羞辱。

　　意大利国家队在百年历史中最羞辱的一幕，就是韩国人赛前津津乐道的"1966"。那是足球回到鼻祖英格兰怀抱的一届世界杯，那届世界杯上除了英德大战、尤西比奥、卫冕冠军巴西队在小组出局以外，另一大焦点就是意大利队被非职业队朝鲜队踢出世界杯。这可谓是世界足坛历史上最大的冷门之一。

## "击败意大利队只是正常发挥"

在那届世界杯前，国际足联出台预选赛规则，非洲区第二轮的三个胜者与亚洲和大洋洲的胜者进行附加赛。非洲球队认为自己应该直接晋级，于是集体抵制世界杯。朝鲜队两回合9比2击败澳大利亚队后，历史上第一次闯入世界杯决赛圈。那时朝鲜队是一支神秘之师，根本无人了解，西方人都很排斥朝鲜，对它的印象只停留在20世纪50年代的朝鲜战争。

就是这样一支突然杀出的非职业球队，成了意大利队的噩梦。事实上，朝鲜队挤掉意大利队与苏联队携手出线后，在1/4决赛中遭遇葡萄牙队时，还一度以3比0领先，差点让葡萄牙队成为意大利队的难兄难弟。幸好有尤西比奥的存在，黑豹上演大四喜，帮助葡萄牙队以5比3逆转朝鲜队。

因为被葡萄牙队逆转，朝鲜队回国后，据说被领导们严厉批评了。至于它击败意大利队，领导们则认为是稍微好一些的表现，但不脱离正常范畴……时任朝鲜主帅在朝鲜队与意大利队对战前就说过，"如果意大利队就是打智利队和俄罗斯队时那样，我们与他们的胜负就很清楚了。"当时大家还没太明白这个意思，也许朝鲜人早已将意大利队当作了完成领导任务——胜一场的垫脚石。

这届小组赛上，朝鲜队、意大利队、苏联队和智利队分在一个小组。第一轮朝鲜队以0比3输给苏联队，意大利队以2比0击败智利队。插句题外话，意大利队又和老冤家智利队分到了一组，这次倒是报仇了，而上届世界杯上的"智利拳王"桑切斯依然在队中。当然，到了英格兰的土地上，智利队比较收敛，意大利和智利的关系也早就没有那么激化，所以这场焦点之战并不"热闹"。

第二轮朝鲜队以1比1战平智利队，苏联队以1比0击败意大利队。到了第三轮，当苏联队以2比1击败智利队后，意大利队打平朝鲜队就可以出线，结果朴斗一的进球淘汰了意大利队。

## 主帅拒招国际米兰主力

与1962年智利世界杯上被东道主"打"出世界杯相比，1966年世界杯上意大利队的失败，更是内乱造成的。从足协到教练组，再到更衣室，意大利队在这届世界杯上充满了矛盾与争议。当时的国际米兰巨星马佐拉直言道："就算击败了朝鲜队，我们也根本过不了葡萄牙队这一关。"

在意大利国内，接受一场失败不是太大问题，问题是无法接受这届世界杯前前后后发生的内斗。对意大利队来说，那不仅仅是一场0比1的冷门，更是一次全方位的耻辱。

即使将阿尔塔菲尼、西沃里等雇佣兵排除在国家队阵容外，这届意大利国家队仍然应该比往届更强大，因为1960年代可是意大利足球的天下：AC米兰第一次代表意大利球队举起冠军杯，大国际更是先后两夺欧冠和洲际杯，意甲联赛俨然成了那个时代的足球标杆。马佐拉、里维拉等球星正处于职业巅峰期，以米兰双雄为骨架的意大利队成为夺冠热门，各种热身赛都是狂胜，包括3比0轻取阿根廷队。

这支意大利队的主帅是法布里（Ermondo Fabbri），整个法布里执教期间，意大利队的成绩是18胜5平2负。意大利队虽然在1964年欧洲杯预选赛上折戟，一平一负被苏联队淘汰。但那时欧洲杯并不是大家关注的重点，意大利人的所有目光都集中在1966年世界杯上。

至少在史书上，法布里是这届世界杯意大利队失败的罪魁祸首。上一章提到，1962世界杯时，联合教练马扎和费拉里在排兵布阵上频现闹剧。从智利队兵败回国后，意大利足协决定，国家队教练只设一人独揽大权，这是传奇教练波佐卸任后的第一次。

法布里被国人认为是"波佐的接班人"，可惜事与愿违，法布里性格过于强硬，完全没有波佐的老练。法布里成名于曼托瓦足球俱乐部，从1957年开始，他将曼托瓦队从丁级联赛一直带到意甲，他的攻击型和控球型打法博得好评。

打法很好看，成绩也不错，但有一个核心问题，在那个时代，国际米兰主帅埃雷拉与AC米兰主帅罗科的"链式防守"战术体系在意大利足球占据统治地位，这套战术体系简单来说就是防守反击，依靠完善的防守和边路的快速突击来制造机会。"链式防守"起源于瑞士人拉潘发明的"门闩"战术，意大利队队员把它发扬光大，国际米兰与AC米兰因此笑傲欧洲。

法布里则完全是另一套打法：强调控球、阵型平衡、中前场拼抢，后防不会安排太多人防守。显而易见，国家队主帅的思路与国家队主力班底的平时战术产生了矛盾。

足协的初衷是两种理念水乳交融，为世界杯共同努力。开始的效果不错，法布里并没有太多修正球星们的打法。毕竟国家队集中训练没有太严格的程序，没有太细致的战术安排，于是有了热身赛的其乐融融。"但公布世界杯名单时，我们都傻眼了。"国际米兰巨星马佐拉事后回忆，"法布里把科尔索、皮奇（都来自国际米兰）都排除在名单外。他打了一套牌出来，却没有给我们任何解释。"

科尔索是"大国际时代"的功勋中场，皮奇是后场的自由人，另一名没有被招入的是盯人中卫贝丁。皮奇是全欧洲最顶尖的自由人，法布里却没有把他招入世界杯国家队，简直让人崩溃，意大利不少体育媒体都在质问法布里。但是，一方面是足协支持，另一方面则是热身赛成绩确实不错，大家还是对法布里的奇思妙想抱有希望。

## 俱乐部斗争闹到国家队

法布里的选择，涉及意大利足球的利益斗争。法布里完全看不上埃雷拉在国际米兰的"链式防守"打法，自然不愿使用链式打法的忠实执行人——国际米兰的中后场球员。

1965—1966赛季，国际米兰力压博洛尼亚夺冠，两个俱乐部较劲很长时间了。"我听说法布里兜里已经有一份博洛尼亚的合同了。"马佐拉继续爆料。法布里世界杯后有可能去博洛尼亚的话，那自然要打击国际米兰球员，重用博洛尼亚球员了。

法布里一共招入了三名博洛尼亚球员：边锋帕斯库蒂、中场布尔卡雷吉、后卫亚尼克。结果三个人都成为意大利队失败的罪魁祸首，法布里自然成了头号"罪犯"。

先说边锋帕斯库蒂，他占掉了卡利亚里队射手里瓦的位置。里瓦是意大利足球历史上的重要人物，曾经是意甲最佳射手，1969—1970赛季帮助卡利亚里队获得了历史上唯一一次意甲冠军。

1966年世界杯时，里瓦还不到22岁，但在意甲已经是量产射手。里瓦作为"预备队"去了英格兰，没有进入22人大名单。法布里让里瓦和佛罗伦萨队的贝尔迪尼随大部队前往，意义在于训练赛凑人数，当然也是让年轻球员提前感受世界杯氛围。

里瓦后来回忆说："其实我们都不想去，既然不报名，干什么去？但我很快明白，如果不去当陪练，我就会被足协禁赛……"其实，意大利足协也招了国际米兰的几个落选之人去陪练，可是人家是大牌，是欧洲队冠军，可不是里瓦这种初出茅庐的小伙子，所以直接拒绝了。

帕斯库蒂的表现很差，所以世界杯后法布里找到里瓦说："对不起小伙子，看来我应该将你放入名单之中。如果我有勇气这样选择，我们现在也不会被淘汰了。"对此，里瓦表示："所以说，法布里教练虽然犯了错误，但他不失为一个正直的人，敢于承担责任。"

另两位博洛尼亚球员后卫亚尼克以及中场布尔加雷利亲身经历了那场对战朝鲜队的噩梦。作为盯人中卫，亚尼克没有防住朴斗一的突破，给了对手破门的机会，这是他的第一次世界杯之旅，也是最后一次。他被当作主帅法布里的"亲信"，彻底断送了国家队的生涯，他在俱乐部的职业生涯也并不精彩。亚尼克在回忆中讲述过一个内幕，"我从没跟别人说过，你们知道我为何能打上对朝鲜的比赛吗？是因为输给苏联后，他们在更衣室里起义了，他们不想要萨尔瓦托雷了。"

尤文图斯后卫萨尔瓦托雷是意大利队长，也是法布里信任的球员。米兰双雄球员联合队内小帮派，对萨尔瓦托雷表达了不满，因此法布里退让一步，派上了来自博洛尼亚的亚尼克，队长袖标则留给了同样来自博洛尼亚的布尔加雷利。这一选择日后被看作是最大败笔和输球的直接原因。

## 10人打11人被爆冷

布尔加雷利赛前膝盖就有轻伤，但法布里坚持让这名中场出场。结果到第35分钟，布尔加雷利在一次滑铲中弄伤了膝盖，痛苦地在地上打滚，根本无法坚持比赛，被担架抬出场外。此时，米德尔斯堡的球场观众欢声雷动。英格兰人对意大利人的敌视从四年前就开始了，执法意大利队VS智利队那场比赛的就是英格兰主裁，事后那人被意大利人痛骂，英格兰人也记了仇。

四年后的1970年世界杯是第一次允许换人的世界杯，所以1966年6月19日的小组赛第三轮，布尔加雷利受伤后，意大利队只得10人对11人坚持比赛。仅仅7分钟过后，也就是第42分钟，朴斗一在反击中打出了那记致命远射，来自佛罗伦萨的门将阿尔贝托西奋力扑救，却鞭长莫及。

其实，意大利队在开场时曾获得三次破门绝佳机会，如果进球，就没有后面的故事了。但足球世界里没有如果，0比1之后，尽管意大利队竭力反击，但人数、气势甚至是身体和战术的劣势都愈发明显。在英格兰球迷的欢声雷动中，朝鲜队将1比0的胜利保持到了终场，意大利队的世界杯之旅提前结束了。后来有说法是，那个朴斗一是个牙医，"意大利队被牙医击败"的段子一度广为流传，但事后证明，朴斗一是一名体操运动员。

当然，如果布尔加雷利没有受伤，意大利队也不一定就能拿下朝鲜队。对于朝鲜队，意大利队一开始派法布里的助手瓦尔卡雷吉去侦察（瓦尔卡雷吉是下一任意大利队主帅）。他回到球队集训地，给出的结论是，"这（朝鲜队）就是一群喜剧演员，别担心了。"所以就算是一度输给雅辛的苏联队，意大利人仍然很乐观，毕竟与朝鲜队战平就能小组出线。著名记者布雷拉（上文中公布罗科信件者）就写道，"如果连朝鲜队都打不赢，我一辈子再也不写足球报道了。"当然，布雷拉最后没有兑现诺言。

算上亚尼克和布尔加雷利，主帅法布里在对朝鲜队的比赛前更换了七名主力。原因一是对负于苏联队之战不满意；二是上述的内部利益斗争；三是法布里打算轮换阵容，休息一下，毕竟下轮淘汰赛面对的不是巴西队就是葡萄牙队。

意大利队内球员也不都是乐观和轻敌的态度。马佐拉回忆说："赛前我们来到球场，看到了朝鲜队的训练，我们都很好奇这支球队。结果我看到了令人诧异的情景，他们的教练让22个球员集中在一起，把足球像橄榄球开球一样扔在人群中，所有人要不停地仰面倒下、站起、倒下，力争用脚去碰球，他们应该是在做防守铲球练习。看着他们像机器人一样，没有丝毫痛感似的摔倒在地上，我突然有了疑问，我们到球场上将遭遇如何一群可怕的对手？"

"20多分钟后，他们改变了训练项目。教练将足球高高抛起，一名队员窜到几位队友搭建的身体金字塔上去争顶。后来我看到过一张与朝鲜比赛时的照片，法切蒂（国际米兰伟大的左后卫）去争抢头球，与训练时的情景一模一样，至少四名朝鲜队球员组成了金字塔去抢头球。他们一个人的弹跳力和冲撞力也许不行，但他们的团结和力量真的是我们没有的。"

到了球场上，除了布尔加雷利受伤的原因，朝鲜队踢得一点不落下风。往往一名意大利球员拿球，就有三四名朝鲜队员飞奔过去，完全不是一个节奏。从一开场，意大利队的必胜之心就开始动摇了。随着错失几次破门机会，加之布尔加雷利的受伤导致10人对11人，意大利队的思路已经乱了，他们似乎都开始担忧自己的命运了，"甚至场边的我都已经开始想象明天的报纸标题……"看台上的里瓦无奈道："当时我能感觉到场上球员的精力不再集中，似乎大家都等待着输球那一刻的到来。"

## "问责门"后，主帅成罪人

回到更衣室，法布里一怒之下宣布国家队就地解散，大家该干嘛干嘛去。球员们抗议道："解散了，谁出钱送我们回家？"足协也出面调解，法布里同意全队一起回到意大利。

国家队的航班本来计划在米兰降落，但米兰利纳特机场外早已聚满了大量球迷，航班不得不改飞热那亚，但这个消息还是走漏

了。意大利队的绝大多数成员都受到了西红柿和鸡蛋的"招呼"，
"应该是不太新鲜的水果。"事后亚尼克自嘲道。

事情远没有结束，"问责"必不可少。这就牵出意大利足球历
史上著名的"问责门"事件，各种推卸责任和拆台，人性的丑陋完
全暴露了出来。

需要问责的不仅仅是一场比赛的失败，或是一个冷门的诞生，
而是整个世界杯的表现完全就像一支业余队：状态欠佳、斗志缺
乏、思绪混乱、内部不和等。问责总要有人来承担责任。

首先被攻击的是教练法布里。不少媒体认为他的选人出现极大
问题，包括没有招入几名国际米兰主力、重用博洛尼亚球员等。另
外，法布里给球队成员带来的压力太大，从落地英格兰开始，法布
里就在鼓吹"好了，战争开始了"、"踢不好的人就别上了"等。
此外，他的战术和排兵也饱受质疑，几乎是派上谁，谁就表现不
好。整个世界杯，意大利队就没有真正让人们眼前一亮的表现，以2
比0击败智利队，也仅仅因为对手更差。

在控制更衣室上，法布里也做得很差。国家队下榻的大学城里
有两个区域，条件好的给了主力球员们，替补们则在另一边，这加
剧了更衣室矛盾。

接着就是问责足协主席帕斯夸莱，这人真够倒霉。从1961年任
职以来，他先是在智利兵败，好在主队的拳头成了人们声讨的主要
目标，足协的不作为没被提及太多。1966年世界杯上，足协对国家

队更衣室的失控达到了顶峰，内部矛盾空前，足协却没有丝毫解决办法。究其原因，是因为帕斯夸莱惧怕坐飞机，两届世界杯都没有到现场，而是在意大利国内等结果。所以，世界杯结束，帕斯夸莱也和法布里一起成了替罪羊，无奈辞职。

"我希望人们永远不会经历我1966年经历的一切，从6月到12月，那是我人生中最痛苦的圣诞节。"这话是法布里在1994年说的，是他去世前一年的肺腑之言。

1966年世界杯后的那几个月，法布里走遍了整个意大利，为自己以及足协主席帕斯夸莱辩护，开始收集材料，找球员作证。也有传闻说，法布里的目标主要瞄准队医菲尼，他给菲尼的罪名是给球员注射了效果不佳的药物。亚尼克回忆说："法布里给我打电话，我们私下秘密见了面，我告诉他，我的确看到菲尼在给一些人打针，至于效果我不知道。"

也有一些媒体支持这个观点，意大利队在世界杯前的热身赛中状态太好了，结果到了世界杯上却显得腿脚沉重，完全是状态出早了。注射在那时比较普遍，至于效果要看技术了。

法布里还希望找到一些球员作证，证明国际米兰的部分球员故意和自己对着干。当然，大家都在足球圈子里混，哪个球员也不愿意因此得罪人，所以帮助法布里完成这个"辩护书"的人少之又少。

最终意大利足协宣布，从用人到控制更衣室，法布里都有不可推卸的罪过，而且他还出于某种私利（将接任博洛尼亚主帅），忽略了国家队利益（重用博洛尼亚球员、打击国际米兰球员）。更狠的是，足协直接禁赛法布里一年，以做惩罚。

博洛尼亚队早已撤退，不能在这风口浪尖去触霉头，所以法布里成为1966年丑闻的最大罪人，直到一年后，他才接过都灵教鞭。而他与博洛尼亚的缘分，要到1969年才圆上，毕竟法布里犯众怒也是为了照顾博洛尼亚队。风头过后，博洛尼亚队自然要有所补偿。不过，法布里的教练生涯再无亮点，默默无闻地渐渐淡出人们的视线，而"1966"永远与法布里联系在了一起。

# 九、1970 年阿兹台克的世纪大战

　　如果有人问，世界杯乃至整个足球历史上最伟大、最最令人无法忘怀、最经典的是哪场比赛，那我们的答案一定是阿兹台克那场4比3的比赛。1970年6月17日，在墨西哥城的阿兹台克球场，11.4万球迷共同享受了这场饕餮盛宴。

　　最终胜出的是意大利队。但胜利的更是那个时代的足球推广：彩色电视转播比赛，阿迪达斯第一次赞助世界杯，世界杯和世界足球正在华丽转身，向着商业化大跨步前进。直到今天，阿兹台克球场外依然悬挂着一个铜质铭牌，上面记录着时间、地点、对手、比分。这场比赛被永远铭记，当之无愧被称为"世纪大战"。

　　决赛中，意大利队以1比4被巴西队击败。而世界杯亚军是意大利队在1938年后的最佳战绩。但是，意大利国家队回到罗马后，依然被机场外的大量球迷辱骂、抗议。这不仅仅是因为"亚军就是失败"，而且是因为球迷们在对球队和足协高层的又一次内部矛盾表达不满。就像日后的每一次重大比赛，意大利队解决好了内部团结问题，战斗力就会真正爆发，比如外敌当前，促进内部团结的1982年世界杯、2006年世界杯和2012年欧洲杯。

人们评价说，如果意大利队没有那么多内耗和无休止的政治斗争，也许击败巴西队也不是不可能的，甚至与西德队的经典半决赛都不可能出现，因为这届世界杯上意大利队的实力仅仅发挥出了80%。

## 新主席、新主帅和新冠军

先从1966年世界杯的失败说起。意大利队兵败英格兰队后，教练法布里和足协主席帕斯夸莱承担罪责。足协新主席为弗兰基。此人影响力足够。在世界杯后他一度入主欧足联，并担任国际足联副主席。新主帅则是瓦尔卡雷吉。他是1966年世界杯上法布里的助手，是曾经形容朝鲜队为"一群喜剧演员"的那位。

客观地说，瓦尔卡雷吉的足球不如法布里的积极，愈发向链式防守、快速反击、依靠前场球员能力得分的方向发展。而且，瓦尔卡雷吉是一个很听话的教练。他最初的"导师"是国际米兰"魔术师"埃雷拉，然后是曼代利。曼代利是日后意大利工业联合会的副主席，当时是国家队科维尔恰诺基地的内务负责人，被球员们戏称为"会计"，也就是大主管，是1970年世界杯意大利代表团的负责人。可以说，瓦尔卡雷吉比较"软弱"。人们都说，其实世界杯上拿主意的是曼代利。

和之前法布里那届国家队类似，瓦尔卡雷吉带领的国家队一直成绩不错。意大利足球在那个时代称霸欧洲。当里维拉、马佐拉、里瓦等球星步入职业生涯巅峰期后，意大利队的实力突飞猛进。而直到1968年欧洲杯夺冠成为意大利队一个不错的转折点。

经过比较轻松的预选赛后，意大利队、英格兰队、苏联队和南斯拉夫队进入欧洲杯决赛圈。因为参赛队少，那个年代的欧洲杯赛制是仅仅取前四名去一个国家打淘汰赛。而那届欧洲杯在意大利本土举行。在大家普遍不太重视欧洲杯的情况下，意大利人难得重视了一把。对手都不弱。意大利队夺冠除了实力不错，还有运气使然。

意大利队半决赛对阵上届世界杯击败过自己的苏联队，最终结果是0比0，加时赛后也是0比0。按照当时的规则，非决赛的平局会用抛掷硬币来决定。当时有个段子说，在更衣室里进行抛硬币环节时，第一个硬币掉到了地板缝底下找不到了，于是用第二个硬币又抛了一次，结果意大利队进军决赛。有人说，后来清洁工打扫时发现了第一枚硬币，去决赛的本该是苏联队……这已经是无法证实的故事了。

决赛中，意大利队遭遇了击败过英格兰队的南斯拉夫队。当客队以1比0领先到第80分钟时，直到卡利亚里中场多门吉尼一记漂亮的直接任意球追平比分。1比1的结果在加时赛后没有改变。按照规则，决赛战平将重赛。两天后，瓦尔卡雷吉更换了四名主力，从而使意大利队踢出了难得一见的流畅进攻。卡利亚里射手王里瓦和国际米兰中锋阿纳斯塔西的各入一球，使意大利国家队获得了历史上唯一一座欧洲杯。这次胜利更加坚定了意大利在1970年世界杯上翻身的决心。瓦尔卡雷吉也因此得到了大家的信任。

## 一胜两平，小组第一

1970年世界杯在墨西哥举行。墨西哥人的热情感染着每名参赛者。与1962年和1966年相比，这届世界杯更加文明和漂亮，没有了那么多惨烈的犯规和伤人动作。这恐怕也是因为电视转播的广泛普及，使得大家都得注意面子问题了。在这届世界杯上，英格兰裁判阿斯顿发明的红黄牌制度被正式应用。还记得阿斯顿吗？他就是8年前执法了智利队棒揍意大利队比赛的那位。这种对技术足球流派的保护，让意大利队颇为享受。因为，当时的意大利队算是欧洲足球中的技术流，喜欢踢脚下球。

这届世界杯还有一大看点。那就是国际足联在世界杯前决定，三届世界杯得主将有资格永久保留雷米特杯。意大利队、乌拉圭队和巴西队都是两夺世界杯的球队。大家都想冲击这不世荣耀。最终带走雷米特杯的是巴西队。但后来雷米特杯失窃再也没有找到，这是题外话了。

意大利队分组尚可，和乌拉圭队分到一组，同组的还有瑞典队和以色列队。首战瑞典，又是多门吉尼一个禁区外远射从近角打进了意大利队小组赛的唯一进球。此后，意大利队与乌拉圭队、以色列队都踢成0比0，但依然夺得小组第一。但这也是因为乌拉圭队表现不佳，尤其最后一战0比1输给瑞典队。否则，小组第一就是乌拉圭队。如果是小组第二，意大利队将去巴西队那个半区。这也就没有了意德的"世纪大战"。总之，继1934年和1938年两届世界杯后，意大利队终于再一次冲出小组赛打到淘汰赛阶段。

1/4决赛中，意大利队遇到东道主墨西哥队。比赛地点又是美洲。对于又是东道主。赛前不少意大利球员担心"圣地亚哥之战"重演。所以在赛前，意大利媒体格外低调，怕又一次惹恼"地主"。但那时的墨西哥队实力不济，意大利队轻松地以4比1取胜。

虽然开场13分钟墨西哥队就先下一城，但之后对手的乌龙球帮意大利队追平了比分。接着，意大利队当家前锋里瓦梅开二度，下半场才上场的里维拉也有一球入账。注意，作为1969年金球奖得主，里维拉在第45分钟才出场。这是他在这届世界杯上第二次出场。两次他都是在第45分钟才上——"接力棒"的故事，我们会在下文详述。

## 惨烈的半决赛

意大利队对西德队的半决赛是本章的重中之重。与意大利队轻松过关不同，西德队在1/4决赛中遭遇了1966年世界杯决赛上的宿敌英格兰队。西德队一度0比2落后，最终经过加时赛以3比2逆转英格兰队。意大利人的长处本来不是体能。但在英德恶战之后，意大利人反而占了些体能优势，不然结果很难说。

1970年6月17日当地时间下午，意大利已入夜，无数球迷坐在电视机前享受或者说煎熬地看着这场比赛，因为比赛过程实在太过激烈和刺激。事后统计，至少有30名意大利人在看比赛过程中犯了心脏病。而一名在乌拉圭的意大利移民，更是受不了刺激而撒手人寰。

刚开场8分钟，意大利队中锋博宁塞尼亚就和里瓦在禁区前撞墙配合后左脚抽射，打进本场比赛第一粒进球。此后西德队大举反攻，但链式防守的意大利队一旦取得领先，就很自如地打起防守反击，西德人机会并不算太多。直到比赛最后一刻或者说比赛真正开始的一刻，西德队全线进攻，左路下底传中，由后卫施内林格在门前一米包抄铲射。这就是当时链式防守的一个问题，除了两名盯人中卫外队里只有一个自由人，所以对对手非攻击线球员的盯防并不严密。施内林格这个突然而至的进球，让比赛意外地重生了，比分变为1比1。

加时赛刚开始4分钟，"轰炸机"盖德·穆勒就利用意大利防线的失误在门前捅射，逆转比分。但4分钟后，国际米兰后卫布尔尼奇将比分追成2比2平。第104分钟，里瓦犀利的左脚射门将比分改写成3比2。但"轰炸机"穆勒在第110分钟成功在门前"投弹"，比分变为3比3。仅仅58秒后，本届世界杯的最大话题人物里维拉就在禁区中路接到里瓦的传中，轻松破门，比分锁定在4比3。

当主裁判吹响终场哨声时，所有球员瘫倒在球场上。墨西哥城炙热的太阳和胶着的比赛过程，榨干了双方球员最后一丝体力。慢慢地，不分敌我，大家相互搀扶着站了起来，交换球衣，互相安慰和恭喜。伴随着夕阳西下，那一幕成为一副唯美的足球画卷。这里没有失败者，11.4万球迷如醉如痴。

其实，由于意大利队在之前淘汰了墨西哥队，所以主队球迷开场都支持西德队，嘘意大利队，但终场后只有掌声和欢呼。就连一直针对意大利队的英格兰媒体也改口了，"他们都是真男人。"

四天后的决赛，意大利队明显体力不支，与巴西队的战斗坚持了一个小时左右仍是1比1。之后巴西队突然一下子把比分差距扩大到2比1、3比1和4比1。意大利人无力回天，只得看着雷米特杯被巴西人据为己有。

## 一个睾丸引发的故事

好了，我们接下来讲述几位主角及他们背后的故事。先从在意大利队对巴西队和西德队的比赛上都进球的博宁塞尼亚说起。这位射手代表国际米兰出战197场打入113球，在国家队出场22次打入9球，成绩可观。不过，他本不该出现在这届比赛中。瓦尔卡雷吉一开始宣布22人大名单时，里面并没有博宁塞尼亚的名字。瓦帅计划中的中锋是来自尤文图斯的阿纳斯塔西。但在世界杯前的集训中，阿纳斯塔西与按摩师在更衣室里玩笑打闹，不幸伤到睾丸，不得不立刻进行手术。这一话题成了意大利大小媒体争相报道的笑料，当然官方给出的说法是腹股沟受伤。

"那晚我已经睡觉了，突然有足协的人跑到我家里，把我从床上拽下来。"博宁塞尼亚事后回忆，"他让我赶紧收拾行李，第二天一早就去米兰的墨西哥领事馆办护照，然后坐最早的一班飞机去墨西哥，加入国家队。"

同样赶上"末班机"的还有来自AC米兰的射手普拉蒂。他在1969年欧冠决赛中上演帽子戏法，帮助AC米兰4比1大胜阿贾克斯队，第二次赢得欧冠奖杯。"其实名单公布后我非常失望，我一直期望去世界杯，但……后来事情发生了逆转。"普拉蒂后来说。于是，博宁塞尼亚和普拉蒂一起坐着飞机赶往墨西哥。但有一个问题。失去一个中锋，为何叫来两名前锋？这22-1+2的算术如何解决？

"可怜的洛代蒂，他是一个好人。或许正因他是一个好人，他才被选作牺牲品。"普拉蒂回忆道。主帅瓦尔卡雷吉认为，除了博宁塞尼亚以及卡利亚里队的里瓦，中锋仍然不够，所以将普拉蒂也留了下来。但要减少一名中场，他就是来自AC米兰的洛代蒂。

其实，洛代蒂和瓦尔卡雷吉关系不错。他一直是球队的重要一员。但或许就是因为他太"老好人"了，所以在矛盾出现之时，他是最合适被牺牲的。结果洛代蒂被代表团生生地从墨西哥又"发配"回意大利。这多少是一种羞辱。洛代蒂非常不满。也有说法称，AC米兰队友里维拉没能帮助洛代蒂留在球队，洛代蒂非常失望，世界杯后就转会离开了AC米兰。

博宁塞尼亚成为这届世界杯的功臣，半决赛和决赛的进球个个精彩。不过，至少普拉蒂当时认为，"博宁塞尼亚在世界杯之前一年离开了卡利亚里队，就是因为他似乎和里瓦无法在锋线共存，所以我以为自己的机会多一点……"但实际效果上来看，博宁塞尼亚成了里瓦的最佳搭档。而且，博宁塞尼亚还是国际米兰小团队的一员，主力位置更有保障。

卡利亚里队刚刚赢得意甲冠军，当家射手里瓦在国家队的地位如日中天。当时的说法是，1966年世界杯的"陪读"经历彻底激发了这位意大利国家队最伟大前锋的斗志。在这届世界杯上，意大利队内任何人都不如里瓦专注。里瓦是天生的左脚将。人们的评价是，"他只用左脚射门，右脚的作用就是上车、下车。"代表国家队出战的9年时间里（1965年—1974年），里瓦在42场比赛中打入35球。时至今日这依然是蓝军历史最佳成绩。

普拉蒂也是个可怜人。他在1970年世界杯的经历，就是从家里的沙发坐上了替补席，但一分钟出场时间都没有捞到。"我很遗憾，但我不记恨，因为只要有里瓦在，我绝对没机会。我的错误就是生在了错误的年代。我的错误还在于我也是左边锋（里瓦是左边锋）。哪怕我是一个后卫，我都更有机会出场比赛。里瓦的能力无人可及，我败得心服口服。"普拉蒂后来说。

## 里维拉总被批评

除了里瓦，意大利队内的另外两位大牌，就是国际米兰的马佐拉和AC米兰的里维拉。

桑德罗·马佐拉是都灵苏佩加空难中遇难的前国脚瓦伦蒂诺·马佐拉的儿子，小马佐拉一辈子效力国际米兰（1960年—1977年），在417场比赛中打入116球。他的第一场、第一球，就是著名的9比1比赛中国际米兰的唯一进球。1959—1960赛季末的冠军附加赛，国际米兰与尤文图斯一战中，国际米兰为了抗议足协不公，派出青年队上场，结果马佐拉打入了那记唯一的进球。马佐拉是一名中场进攻天才，尤其擅长各种过人和跑动，且他最大的优点是回防积极。

他是意大利队不可或缺的中场指挥官。

里维拉则几乎是一辈子效力AC米兰（1960年—1979年），在501场比赛中打入122球，随AC米兰两夺欧洲冠军，更是在1969年捧起欧洲金球奖，成为亚平宁第一人，号称"金童"。里维拉最大的特点就是技术细腻、攻击犀利、前场组织能力强。缺点是身体略显羸弱，在防守中作用不大。这也是他在一场媒体战中的致命伤。

从1966年世界杯开始，里维拉的攻强守弱就成为以布雷拉为代表的名记的攻击重点，尤其是意大利队对朝鲜队一战，媒体的观点是：如果不是里维拉上场，就算10人打11人，意大利队也一样有机会拿下朝鲜。布雷拉曾这样评价里维拉，"他就是球场上的模特，特别注意自己的形象，所以只在进攻时出出力，防守就是看着。这种妈妈的好孩子，我们还是不要的好……"

里维拉确实是个标准美男子，头发打理得一丝不乱，直到今天也是如此。但布雷拉的话有点夸张了。意大利其他媒体也有为里维拉辩护的，"我们到底要的是一名进球者还是一个防守者？为何要对里维拉如此严苛？"里维拉后来回忆说："我的每场比赛都是一次考试，从15岁开始他们就不停地对我评头论足，好像我有说不完的缺点。"

里维拉一度与媒体（尤其是米兰媒体）闹得很僵，表示禁言，但很快就忍不住开始反击。不得不说，里维拉也是一个很自我的人，不希望被人批评。他的少年成功也决定了他的性格。所以他与一些媒体的关系始终不佳。后来1985年贝卢斯科尼入主AC米兰，第一个清除的就是里维拉。因为他受不了里维拉的自以为是，当然也有两人分属不同政党的因素。里维拉能最终进入政坛，也说明了这个人的城府和志向。里维拉1969年捧得《法国足球》颁发的欧洲金球奖后，意大利人戏谑道，"如果法国人经常看意大利报纸，那里维拉肯定是得不到这个金球奖的。"

那个时代，媒体力量非常强大，尤其在意大利，特别能影响国家队的用人。1962年和1966年的世界杯都是如此，1970年同样不例外。在《米兰体育报》主编扎内蒂以及未来《米兰体育报》主编布雷拉等强势记者的影响下，瓦尔卡雷吉或者说是曼代利决定不能重用里维拉。因为相比马佐拉，里维拉在防守中的漏洞太大。

## "接力棒"的发明

就这样，两位世界上最好的中场指挥官却不能同时上场，遗憾而无奈。这就是现实，既生瑜，何生亮。当然这里面还有派系之争。有说法是国际米兰小帮派力保马佐拉，因为国际米兰派系主要是后防线的法切蒂等人。他们希望有更善于帮助防守的伙伴；而AC米兰本就势弱。洛代蒂还被送回意大利。红黑小团体内部也有些不和谐。

瓦尔卡雷吉告诉里维拉他不会是主力后，里维拉当场恼怒，并威胁要离开墨西哥回国。如果这个事情发生，那么意大利队将是丑闻的集中地。远在意大利的足协主席弗兰基赶紧邀请AC米兰主帅、里维拉恩师罗科一起飞往墨西哥，安抚里维拉。这才留住了"金童"。但是里维拉事后反驳说："我从没想过离开国家队。真正危险的是，我有可能被他们赶出国家队。"

意大利队首战瑞典队和次战乌拉圭队，里维拉都没有得到任何出场机会。"挑衅我？让我生气？让我主动不上场？我不，我要跟他们面谈。"里维拉后来说。面谈后，高层妥协，瓦尔卡雷吉发明了"接力棒"：马佐拉与里维拉每人各上半场，谁也别争，谁也别抢。后来也有一种说法是，这是代表团团长曼代利的主意。

小组赛第三场对以色列队，瓦尔卡雷吉先进行了一次实验，让里维拉下半场上场，换下的是另一位进攻中场多门吉尼。结果他发现里维拉与马佐拉明显"不对付"，没有1+1>2的效果。所以从打墨西哥队开始，里维拉下半场就直接换下马佐拉。结果是里维拉打入3比1的进球，意大利队在下半场流畅许多。与德国队一战，意大利队同样是在45分钟时将里维拉换下马佐拉。随后就是那场经典的"世纪大战"，以及里维拉的4比3绝杀之球。

令人惊讶的是，对阵巴西队的决赛，里维拉竟然在第84分钟才换下破门得分的博宁塞尼亚。就连国际米兰人博宁塞尼亚在事后都大感不解，"我实在不明白那次安排，就算不让里维拉打首发，也应该按照习惯下半场就换上里维拉吧。更何况，巴西还是有防守漏洞的，我们打到第66分钟才被对手改变了1比1的比分。如果里维拉早些上场，机会还是有的……"

主帅瓦尔卡雷吉后来解释说："两名场上球员有轻伤在身，我不敢轻易换人，不敢用里维拉换下马佐拉，否则我们就很可能要以10打11与巴西队对抗了（当时换人名额是两人）。"

这就是"接力棒"的故事。当时欧洲最好的进攻球员，在意大利队对巴西队的梦幻决赛中，仅仅踢了6分钟已经失去意义的比赛。

## 回国，媒体被球迷围攻

事实上，里维拉和马佐拉之间，甚至AC米兰派系和国际米兰派系之间并没有不可调和的矛盾，更多的是媒体特意炒作出来的对立与矛盾。有时为了显示专业性，媒体故意造出一些不同于普通球迷的观点，然后利用对足协的影响力去加以验证。有时媒体也是为了去"惩罚"那些不听话、不配合的球员，比如里维拉这样的刺头，你在AC米兰我们管不了，到了国家队还不听话？在意大利语中，媒体意见就是用"批评"的词来表示，那意思就是不批评不算真媒体。但说实话，这需要一个度，否则就成了"媒体暴力"。

意大利队回国时，罗马机场外有大量抗议球迷。他们的目标集中在主帅、领导和媒体身上。在人们眼中，这群官僚毁了里维拉的世界杯，毁了意大利的世界杯冠军梦。球迷们同时打出标语："里维拉万岁"，这足够打国家队高层和媒体才俊们的脸了。

其实，足协在罗马机场外准备了特别项目——把球员的家人都带来，给球队一个惊喜。足协认为世界杯亚军算是不错的成绩了……当时，现场一片混乱，有争吵、辱骂，当然也有甜蜜的拥抱。来自AC米兰的盯人中卫罗萨托（Roberto Rosato）远远看到爱妻，赶紧跑过去亲热，但他不知道还有一架摄像机追着他。那一幕甜蜜温存成了让不少愤怒的意大利人消气的最佳宣传。他们毕竟是远征的战士，回来就好，就算有争议、失败。"我真不知道还有摄像机，不过我就是爱我的妻子，这没什么。"罗萨托后来幸福地回忆道。

值得注意的是，罗萨托是那届世界杯国际足联官方评选中唯一入选最佳阵容的意大利球员——最佳盯人中卫。决赛中，虽然罗萨托盯的不是贝利，但那场决赛后他拿到了贝利的球衣。这被戏称为"罗萨托在1970年世界杯上最大的贡献"。

"赛前我和贝利说好了，但当他们赢得最后冠军的时候，无数人冲入球场，我感觉我已经没希望了。后来在一名巴西球员的帮助下，我靠近了贝利，拿到了贝利的球衣。不过同时有四个球迷冲了上来，我们五个人一起争抢球衣。要知道我可不是善茬儿。努力奋战过后，只有一个人还在和我较劲，不过球衣差点就被撕破了。幸好来了一名警察，看到我是球员他是球迷，就帮我把球迷赶走了……我把贝利的球衣塞到衣服里，到更衣室都没敢拿出来，趁着大家不注意赶紧塞到包里。后来我听说大英博物馆收藏了一件贝利球衣，上的保险高达1800万。所以说我的投资眼光还是不错的……"罗萨托后来说。

从里维拉到马佐拉，从里瓦到罗萨托，从世纪大战到被巴西队血洗，对意大利队来说，这是一次难忘的墨西哥之旅。意大利人赢得了二战后世界杯的最好成绩，但也又一次将内斗、政治、官僚的缺点再次放大到世界舞台。这就是1970年世界杯的蓝色故事，浪漫中带着些许骁勇，惨烈中带着些许无奈。以这次世界杯的亚军成绩，加上之前的1968年欧洲杯的冠军成绩，意大利队宣告了自己重回国际足坛顶级舞台的事实。这也为其接下来冲击世界杯冠军奠定了坚实的基础。就像前文说的，意大利队的实力已经可以争冠，只要少些内耗。

# 十、更衣室起义，1974惨败

　　意大利这个民族有一个极强的特性，就是散漫。最有代表性的例子是约会不守时。散漫于集体运动来说，是非常致命的缺点。这往往代表着各自为战、分裂、不团结。除非面临强敌或其他外因，否则意大利人绝不会紧缩成一个有强烈反抗意识的团体。这就是意大利国家队的一个特点。顺风顺水经常折戟沉沙，在不利的逆境中反而能爆发出强大战斗力。

　　1970年世界杯在墨西哥拿到世界亚军，对意大利队来说，这是非常出色的成绩。到了1974年世界杯，除了强大的东道主西德队以及全攻全守足球的代表荷兰队，巴西队与意大利队都是这届世界杯的大热门。但结果却是，意大利队又一次遭遇了小组赛就被淘汰的厄运，提前打道回府。

## 小组淘汰更因内乱

意大利队与海地队、阿根廷队和波兰队分在一个小组。3比1击败海地队后，意大利队1比1与阿根廷队战平，末战面对新科奥运会冠军波兰队。由于此前波兰队战胜了阿根廷队，所以，只要意大利队与波兰队战平，意大利队就可以与波兰队携手力压阿根廷队出线。

6月23日小组赛第三轮，阿根廷队以4比1大胜海地队，波兰队以2比1击败意大利队。阿根廷队与意大利队都是1胜1平1负，积3分，但阿根廷队的净胜球为2（进7球，失5球），意大利队的净胜球为1（进5球，失4球）。比拼净胜球，意大利队被淘汰。

当时意大利国内的说法是，"3比1击败海地队就是彻底的失败"。丢了1球，意味着意大利队两年来的不丢球纪录没了。同时，也没能以更大比分击败海地队，取得需要的净胜球优势。后来马佐拉无奈道，"这就是我们的国家队。不像英格兰人和德国人，他们无论比分多少，都会全力进攻。而我们太容易知足和懈怠。"

在米兰等待归国的国家队的又是烂西红柿盛宴。这不仅因为输了比赛，而且因为输掉世界杯的方式让人糟心。

原因是什么？就是内乱。彻头彻尾的内乱，毫无遮掩的内乱。

传奇射手里瓦回忆说："球星太多了，党派太多了，意见太多了，整个球队四分五裂。"

前几届世界杯意大利队内部也存在一些竞争，最明显的就是1970年马佐拉与里维拉的"接力棒"之争（详见上一章）。但那都控制在狭小的范围内，就像马佐拉自己说的，"既然一个'接力棒'办法就能解决我和里维拉的位置问题，那就说明那只是球队里的正常问题，不是大问题。但1974年这届世界杯，一切都不一样了。我嗅到的完全是另一种空气，和在墨西哥（上届世界杯）时完全不同。"

1974年世界杯上的内乱，可谓意大利队历史上最耻辱的一次。这次内乱是更衣室内部出了问题，而不是足协、媒体在掌控更衣室上的分歧。很多内斗的消息都被迅速传递给媒体，而不是关起门来解决。可以说，还没出征世界杯，意大利队的气氛就已经变质了。新老势力的较量，南北势力的较量，主力和替补之间的较量，处处是矛盾，处处是陷阱。这样的球队如何能踢好球？

更重要的一点是，主帅瓦尔卡雷吉太软弱。上一章就说过，瓦尔卡雷吉不是那种铁腕派教练，在用人上过于犹疑不决，耳根子软，没有坚持自我的勇气。1970年世界杯，瓦尔卡雷吉实际上听命于代表团团长曼代利，发明了"接力棒"。内部问题不严重时，瓦尔卡雷吉的软弱可以理解为"和事佬"。而一旦内斗的苗头不可抑制，瓦尔卡雷吉的性格缺陷就成了意大利队走向崩溃的导火索。

1970年世界杯后，瓦尔卡雷吉并不想大幅度更换上届世界杯功臣，他也没有那种魄力。所以1974年德国世界杯意大利队的大名单中，依然有10名上届世界杯的功臣，而且都是30岁以上的老将。比如上届功臣里瓦就算世界杯前拉伤了肌肉，瓦尔卡雷吉依然让他保密。"教练跟我说，别跟任何人说伤情，但我自己还是很担心的。"里瓦后来说。

其实，瓦尔卡雷吉最担心的是，一旦里瓦这个铁打主力位置松动，就会有不少人盯上，就会有更多争执。用一个半伤的里瓦，总比一堆人给自己出难题强。

## 卡佩罗，温布利英雄

世界杯前，意大利队过得太顺了，顺到人们直接开始考虑淘汰赛的赛程和对手。各种自大情绪的滋生，各种想成为国家功臣的小念头，各种搭顺风车的野心，都在为矛盾的总爆发添砖加瓦。

从1972年9月20日3比1击败南斯拉夫队，到世界杯前，意大利队的比赛是8胜4平，更惊人的是门将佐夫保持了1143分钟不失球。这至今仍是国际足联成年队的世界纪录。直到世界杯第一场面对新军海地队的第46分钟，萨农一次反击敲开了佐夫把守的大门。当然，最终意大利队3比1逆转，但意大利人认为丢球和比分都是耻辱和失败。这1143分钟的不丢球纪录里，意大利队还曾以2比0击败巴西队，以0比0战平西德队，以2比0和1比0主客场击败强大的英格兰队。意大利队可谓当时世界上状态最好的球队。

1973年11月14日的温布利之战值得大书特书。还记得1934年世界杯夺冠后，意大利队去海布里球场挑战足球鼻祖英格兰队的毕业之战吗？那场比赛，意大利队10打11把比分从0比3追成2比3，其血性和韧劲被英格兰人认可，那场比赛上的意大利队被称为"海布里蓝狮"。

1973年这一战也在意大利足球历史上留下浓厚的一笔。意大利队历史上第一次客场击败英格兰队，得号"温布利英雄"。这天阴雨绵绵，10万人的球场座无虚席，其中3万是意大利球迷。那是一场雨中泥战，意大利队的战术压制住了英格兰队的身体冲击。第80分钟，拉齐奥中锋基纳利亚（Giorgio Chinaglia）下底传中，英格兰门将希尔顿奋力扑救，将皮球挡到卡佩罗脚下，卡佩罗一蹴而就，打入了这记历史性进球。

没错，他就是后来AC米兰的功勋主帅卡佩罗，现在是俄罗斯队的主帅。之前担任英格兰队主帅时，卡佩罗没少和这个温布利进球联系。卡佩罗在1974年世界杯上也是一个关键人物，或者说他的位置很关键、很抢手。眼红的人叫尤利亚诺（Antonio Juliano）。下文将详细叙述这个大"BOSS"。而助攻卡佩罗的基纳利亚，也是内乱的重要代表人物。

基纳利亚是拉齐奥队的传奇射手之一，风格硬朗，人高马大，在1969年至1976年间效力拉齐奥，参赛209场，打入98球。他后来去了纽约宇宙队踢球，更是在234场比赛中打入231球，是一个恐怖的高效射手。

基纳利亚1972年开始入选意大利国家队，那时他效力的拉齐奥队还在乙级奋战，不过进球如麻的基纳利亚依然成为火热明星，不少南方媒体为他助阵。而且，重返意甲的拉齐奥队非常强势，第一年就差点抢走冠军。1973—1974赛季，即世界杯前的一个赛季，拉齐奥强势夺冠。这是拉齐奥历史上第一个联赛冠军，基纳利亚也以24球加冕意甲射手王。那是基纳利亚的时代，他的中锋位置无人挑战，瓦尔卡雷吉也一直重用他。

后来有人评价，基纳利亚其实根本没必要"起义"，因为他是绝对主力，他被人当枪使了。里瓦回忆说："基纳利亚身边有那么几个建议者，就是不出好主意。我就不说是谁了，他们都是刚刚赢得联赛的一群人。"这话说得很清楚了，直指"拉齐奥派系"。最终入选世界杯名单的22人中，除了基纳利亚还有两名拉齐奥球员——后卫威尔逊（Giuseppe Wilson）和中场雷·切科尼（Luciano Re Cecconi）。

提到雷·切科尼，这里插入一小段故事，因为他是意大利足球历史上一个非常悲剧的人物。他1948年出生，1977年去世，享年仅仅29岁。1977年1月18日，效力拉齐奥的雷·切科尼和两个朋友去罗马市中心的一个珠宝店买东西，他突发奇想，把手放在包里，假装有枪，大喊："抢劫，把东西都拿出来！"

按他的想法，作为拉齐奥球星，罗马城里的人应该都认识他，开个玩笑无伤大雅。孰知珠宝店老板不是球迷，压根不认识他是谁。更可悲的是，那几天，珠宝店被抢劫了两次，老板刚刚准备了一把手枪在柜台下面。雷·切科尼还在有模有样地扮演劫匪，结果枪响了，子弹穿过胸膛，30分钟后，雷·切科尼不治身亡。老板最终因为防卫过当也被判刑。这真是一出彻头彻尾的悲剧。

## 拉齐奥帮起义

回到世界杯。拉齐奥在那几年异军突起，成为南方足球的代表，势必要与北方的传统豪门发生冲突，结果矛盾被带到了世界杯上。

基纳利亚的故事发生在世界杯小组赛第一轮意大利队与海地队的比赛中。已经2比1逆转的意大利队，在第70分钟用尤文图斯中锋阿纳斯塔西（上届世界杯因为睾丸受伤被博尼塞尼亚临时替换的倒霉蛋）换下了表现一般的基纳利亚。不满换人的基纳利亚一边下场，一边用国骂手势和震耳欲聋的国骂向教练席上的瓦尔卡雷吉抗议。这一幕被电视直播抓个正着，成了意大利队在那届世界杯上最经典的画面之一。

其实，在世界杯前0比0平奥地利队的比赛中，奇怪的事情就发生了。主力左边锋、上届世界杯功臣里瓦回忆说："那只是一场友谊赛。半场时基纳利亚被换下了。我看到他在更衣室门口徘徊、运气，像是时刻准备发飙，后来甚至想马上去找记者们，准备对主帅开骂……我必须说，有人在把他向不正确的道路上引导。"

世界杯上那一幕国骂就是当时意大利队内情绪的体现。很多人要表现自我，不希望受到质疑。主力下场都这样闹，那替补又是何种态度呢？现在的问题是如何处理基纳利亚。

里瓦后来回忆说："我和基纳利亚关系很好，我们一起服过兵役。但在辱骂教练这件事情上，他的确做错了，做错了就应该付出代价。当时阿洛迪（Italo Allodi）就要求将基纳利亚开除出国家队，立刻送回国。如果这样做了，我相信球队内部气氛会得到控制。"

这位阿洛迪就是协助埃雷拉开创"大国际时代"的体育经理，后来在尤文图斯也取得过出色成绩，最终来到足协，担任国家队代表团团长，同时还是国家队训练基地科维尔恰诺的负责人、教练培训班的校长。后来的名帅萨基也是他的弟子。阿洛迪算是强硬派，后来还试图影响1982年夺冠教练贝阿尔佐特的排兵布阵，致使两人发生不快。结果在贝帅夺冠后，阿洛迪不得不离开足协。

其实，瓦尔卡雷吉需要这样一个参谋，就像1970年世界杯曼代利做的那样。而这一次，瓦尔卡雷吉却没有听话。他更担心更衣室暴乱，因为有人向他施压。结果基纳利亚只是在对阿根廷队的比赛中被放弃。到了第三场对波兰队，基纳利亚直接顶替了里维拉的位置。里瓦也被舍弃了。对此里瓦表示："正常的轮换、改变没有任何问题，可我不喜欢的是那些搞阴谋的人。当时我坐在替补席上，就对身边的哥们说，'算了，我们收拾行李吧，没戏了。'是啊，球队已经不是球队了，就算小组出线又如何呢？"

给主帅瓦尔卡雷吉施压的，是上文提到的拉齐奥后卫威尔逊以及那不勒斯中场尤利亚诺。"主帅，您看看吧，我们会帮您搞定的，但是，是时候改变了……"尤利亚诺是个主角，尽管他是意大利国家队历史上最著名的"世界杯看客"。

## 三届世界杯赛看客的闹剧

1966年世界杯、1970年世界杯和本届1974年世界杯，尤利亚诺都被招入队内，但三届世界杯他只出场了一次，那就是1970年的决赛。当然，他是在大局已定后的垃圾时间被换上场的。

"我可是创造了世界纪录吧，三次世界杯都没有被使用。"尤利亚诺回忆说，"最关键的是，我不认为上场的那些人比我强。1966年，主帅法布里更喜欢布尔加雷利（打朝鲜伤退，导致意大利10打11）。要知道，当时布尔加雷利伤着一个膝盖还打了主力。我依然不明白为什么不让我上。如果我上了，结果肯定不一样。"

1970年世界杯，尤利亚诺的敌人是墨西哥的海拔。对于长期生活在那不勒斯海边的尤利亚诺来说，那趟世界杯之旅确实挺难熬。

至于1974世界杯，尤利亚诺后来说："瓦尔卡雷吉更喜欢用卡佩罗。我真得说，至少从球技角度，他肯定比不上我。至于能说会道方面，我必须承认，他更强。"

尤利亚诺在国家队和佐夫同屋。"是啊，因为他们都有各自的小团体，而佐夫至少在那不勒斯打过，所以我就被归在这一块了。事实上，他们（北方球员）完全是另一个世界的人，他们根本不认为我这个南方佬可以进入他们的圈子。说实话，那不是国家队，那里是很多个小团体。因此，作为唯一入选国家队的那不勒斯球员，我根本没有机会出场……"他后来说。

尤利亚诺当然也试图结盟，他找到的就是新势力拉齐奥派。拉齐奥所在的罗马城是意大利中南部，算是北方人的敌人。敌人的敌人就是朋友，这个道理谁都懂。这才有了后来尤利亚诺与威尔逊一起给基纳利亚"求情"的一幕。

尤利亚诺更大的"功绩"还是在世界杯前。在科维尔恰诺基地集训时，他突然擅自召开了一个新闻发布会。在新闻发布会上，他和记者们"畅所欲言"，"谁状态好、谁有能力就该上场，而不是由他是哪家俱乐部决定。""主教练瓦尔卡雷吉明显在偏袒北方人。""我不明白我的号码为什么那么大？"尤利亚诺说。

在那个时候，主力球员的号码一般是1至11。1966年世界杯上，尤利亚诺是10号，1970年则变成18号。1974年的16号还是"进步"了一点。但尤利亚诺自己很清楚，如果不折腾，肯定没有机会上场，因为他的位置被"北方佬"死死占据了。

当然，我们的故事总会带有一些倾向性。从尤利亚诺的角度看，或许他做得也没错，为了自己的位置大声呐喊。但问题是，这么做牺牲掉的是集体利益和意大利国家队的平静。正如里瓦所说："这里有太多球星、太多派系、太多自以为是的人、太多认为自己应该打主力的人。真正好的球队，应该有一群坐在替补席上也不吭声的球员。他们需要做的不是给主力球员捣乱，而是帮助球队。"

同样是最后一次参加世界杯的马佐拉也说："瓦尔卡雷吉教练最大的错误，是选择错误。我不是说他每场比赛的排兵布阵有什么错误，而是他挑错了替补球员。他挑了太多不满足于自己位置的球员，使得我们的球队根本不是一个真正的团体。"

## 一代球星的悲剧谢幕

从尤利亚诺的新闻发布会开始，意大利国家队内部就像一座火山，只要有一丁点诱因就会爆发。尤利亚诺给那些不满足于自己位置的球员做出了坏的榜样。代表团团长阿洛迪当时就想开除尤利亚诺，但瓦尔卡雷吉又一次软弱了，或许他受到了一些压力。总之，带着"起义"领袖继续前进，结果就是队内的对立愈发严重。

与海地队的比赛打完，意大利国家队队内矛盾开始爆发。借着媒体对比赛场面的不满，一些替补开始继续闹事。在火车上，战术大讨论就这样展开了。瓦尔卡雷吉成了最忙的人，他要应付几名替补球员的质疑——"我状态很好啊，为什么不让我上？"……

里瓦回忆说："当时我觉得很恶心，和某些人在一起踢球让我无法接受。他们总是在说自己这个好、那个好，就是想自己踢球，展现自己根本没有考虑过球队的问题。最后我忍无可忍说道，'行了，你们聊，我换个车厢'。"和里瓦一起离开的还有门将佐夫。这个日后在1982年世界杯上帮助意大利队夺冠的功臣门神，其实算个"局外人"。因为门将位置特殊，他不需要争夺主力位置，大家也都认可他。

无论是佐夫，还是里维拉和马佐拉，甚至是队长法切蒂，都没有成为更衣室里的绝对领导。他们都不想在更衣室斗争中拿主意，或者说也没有足以管事的权威。这也是意大利国家队失败的根本原因——更衣室一盘散沙。几位老球星只希望自己"别惹事"，独善其身。马佐拉回忆说："我当时只能做好自己的工作。我带了几本书，有空时就看看书，其他事情不去想，也没有办法想。最后，我是那届世界杯上踢得最好的，被球迷骂得最少的。当然，我明白，我依然失败了，因为足球是一个集体运动，一个人什么也做不成。"

在经过这样的火车讨论后，意大利队能逼平阿根廷队已然不错，只要之后打平波兰队就能出线。可面对波兰队时，更衣室再次爆发矛盾，矛头直指里瓦与里维拉，尤其是里维拉。里瓦倒是接受被取代，毕竟他的肌肉拉伤病情还是对比赛有影响，"是的，我本想休息一下，再应对淘汰赛的……里维拉的问题是，当时他的身体状态也不好。一些中场球员要求里维拉被换下去，否则他们中场工作量太大，太难踢了"。这种说法，一些替补势力当然支持。于是里维拉和里瓦坐在替补席上，度过了随国家队出征的最后一场比赛。

马佐拉好一些，他在球场上踢完了最后一场国家队比赛。至此，二十世纪六七十年代的三位意大利队的顶级进攻天才，在德国世界杯上集体谢幕。其结局不那么完美。但这就是意大利足球，永远有球场外的嘈杂，影响着球场上的罗曼蒂克。有意大利媒体这样评价1974年世界杯：这不是一届世界杯，而是一次埋葬一代球星、一支伟大球队的德国之旅。也许我们的战舰有些老迈，但绝不该如此早早地解体、沉没……

否极泰来。以里维拉、马佐拉和里瓦为代表的一代球星退出历史舞台后，新的意大利队的历史即将书写。1978年到1982年，意大利国家队连续在世界杯上突破小组赛桎梏，一次获得第四名，一次获得冠军。意大利国家队迎来了新的曙光。

# 十一、媒体惨败，国家队复兴

这是没有马拉多纳的阿根廷队在肯佩斯带领下第一次摘取冠军的世界杯，是"卫冕之王"荷兰队连续第二次屈居亚军的世界杯，也是普拉蒂尼和济科等人闪亮登场的舞台。而对于意大利足球来说，1978年世界杯更是彻底告别过往、开启新时代、为四年后称霸西班牙打下基础的一次备战。

蓝军在1978年阿根廷世界杯上获得第四名，名列阿根廷队、荷兰队、巴西队之后。这个成绩已算不错，更何况大赛之前意大利人的期望值非常低。从1978年世界杯开始，意大利队再也没有折戟小组赛的耻辱。那才是真正世界级强队应有的风范。当然，这个记录在2010年南非世界杯上，被里皮的国家队终止。

## 贝老爷子的疯狂革命

1974年德国世界杯上，意大利队在小组赛就因净胜球少被挤出小组赛，回国之后，享受了球迷、媒体奉上的一顿"烂西红柿"大餐。变革势在必行。以里维拉和马佐拉为代表的一代球星年龄见长，要求换血的呼声越来越大。当然，一切变革都需要一个执行者。国家队主帅位置上，瓦尔卡雷吉已被证明过于软弱，无法全面掌控更衣室，此时，国家队需要换一个强硬派来彻底改革。

这时，意大利足球史上一个非常重要、在任时间又非常短暂的人出现了，他就是贝尔纳迪尼（Fulvio Bernardini，1905—1984）。

贝尔纳迪尼在意大利足坛资历很老，1920年代就是国家队的头号球星，后来从教，带博洛尼亚和佛罗伦萨赢得过冠军，在足协内部也有不少老朋友。他来执掌国家队，用的是他的权威。而且，他并不明确属于哪个俱乐部派系。这能避免不少内部矛盾。贝尔纳迪尼在1974年秋天接过国家队教鞭。这时他已迈入古稀之年，但行事风格依然硬朗、果断。而且他充满了极大的热情和创造力，就像个20岁小伙子一样将最后的足球精力都投入到国家队的更新中。

贝尔纳迪尼招入大量新人，在国家队进行试验，几乎完全抛弃了1970年和1974年两届世界杯的国脚。这种"疯狂"使国家队成员经常互相不熟悉、不认识：今天你来、明天我来……最夸张的是，有一次他招来一名叫做马尔特利的球员，媒体和球迷都不知道，结果这个球员是老爷子私交不错的利沃诺主席的儿子。

这种大换血可谓"痛彻骨髓"，彻底将国家队旧势力拔出。后来也有评价说，贝老爷子是在做"坏人"，为国家队更新换代铺路搭桥，他并不指望自己能带领意大利队在1978年或更远的1982年冲击世界杯，只是完成一个"改革者"的清理任务，就算得罪元老们也在所不惜。三届世界杯老臣马佐拉事后回忆说："贝尔纳迪尼给我打过电话，先要招我入国家队，随后又说先试试别人，但肯定记得我，结果我永远没有回去。"

随着AC米兰和国际米兰两队辉煌的60年代过去，70年代成了都灵城的天下。尤文图斯与都灵才是意大利足坛的主宰，所以，马佐拉与里维拉这一批代表米兰城的球星，确实到了该让位的时候。贝尔纳迪尼只不过做了足协想做又不太方便做的事情。

另一方面，贝尔纳迪尼彻底改变了意大利足球史上的一个重要传统——割裂了媒体与国家队、足协之间的联系。最著名的一个段子是，有一次贝尔纳迪尼通过足协新闻办公室向全国体育媒体发出邀请，让他们来科维尔恰诺国家队训练基地开新闻发布会，届时会与大家畅所欲言。要知道，当时老爷子已经因为选人被媒体骂得体无完肤。记者们信以为真地来了，准备好了一个个问题和建议。结果，贝尔纳迪尼坐在讲台上说："今天你们就算打死我，我也不说话。"人们傻眼了，闹着玩？耍人玩？"我飞了500公里来这里就是看你瞪眼睛的？"有记者抗议，等到的回答就是瞪眼睛。

前文我们讲述了很多意大利媒体影响足协以及国家队用人、布阵的故事。甚至追溯到国家队成立之初，教练团队中就有当时的著名记者。而贝尔纳迪尼通过与意大利体育媒体的彻底对立，将媒体赶出了国家队，这个策略一直延续下来，后来的贝阿尔佐特更将其发扬光大。

其实，这是一个保护球队、团结球队的好办法。在球队外面制造一个比较庞大的敌人（媒体），往往更能激发球队的战斗力。尤其对意大利足球来说，没有外敌，队员就很容易内斗，比如1974世界杯。

## 贝阿尔佐特的登场

贝老爷子做了不少疯狂的事情，也栽了不少树，乘凉的却是贝阿尔佐特，也就是1982年带领意大利队夺得世界杯的烟斗教练。

贝阿尔佐特之前担任过前国家队主帅瓦尔卡雷吉的助手，只不过比较隐形。当贝尔纳迪尼挑拨媒体和球迷的神经时，足协主席弗兰基离任前下达了最后一个命令——让贝阿尔佐特成为贝尔纳迪尼的执行教练，毕竟老爷子年纪大了。

贝尔纳迪尼不爽，但他也明白，自己的工作完成了，被架空而没被解雇已经是足协给面子了。到了1977年，贝尔纳迪尼和足协协议解约，又回到俱乐部。国家队真正交到了贝阿尔佐特手上，这开启了波佐之后又一次伟大的蓝色时代。

贝阿尔佐特与波佐、里皮同为意大利的世界杯功勋教练。虽然贝阿尔佐特带队捧杯要等到1982年的西班牙世界杯，但在1978年阿根廷世界杯上，贝阿尔佐特的意大利队已经展现出完全不同于沉闷防守反击的足球风格，强调中前场球员的大范围跑动。当时有个说法是，"罗西、塔尔代利、考西奥、扎卡雷利或安东尼奥尼（都是攻击手却又经常回防）这几位到底算前锋还是后卫呢？"

年轻是这支意大利队的巨大财富。他们将拼劲、杀气都强烈地传递出来。至于1978年世界杯后期经验的欠缺，就当为1982年夺冠交学费了。

不过，由于在1974年世界杯后进行了大规模改革，意大利国家队的成绩必然遭受了一些影响，在预选赛和友谊赛中成绩一般，和1974年之前的1000多分钟不失球没法比。无论球迷还是媒体，都还在习惯性地批判、抱怨。

1978年1月抽签结果出来，意大利队与法国队、匈牙利队以及东道主阿根廷队一组。当时媒体的标题是"意大利，鸡蛋饼干"，意思就是要供人消遣了。出征阿根廷之前的最后一场热身赛，意大利队与南斯拉夫队0比0闷平。媒体痛骂意大利队，"耻辱，这还怎么去阿根廷？""留家里吧！""贝阿尔佐特，赶紧滚蛋吧！"……

贝尔纳迪尼开启的与媒体对立的传统开始发挥功效。贝阿尔佐特彻底封闭了球队，不允许媒体再像过往那样随意与球员们接近。这可以避免消极情绪传入球队，更可以避免内部矛盾通过媒体传递出去而弄得不可收场。

到了阿根廷以后，意大利国家队选择了在布宜诺斯艾利斯郊区30公里外的"印度乡村俱乐部"进行封闭集训。那里有不少足球场，还有高尔夫场、网球场，最关键的是周围都是森林，出入口很少，很好控制。贝阿尔佐特"一只苍蝇也飞不进去"的愿望实现了。意大利记者们突然发现除了新闻发布会，什么都没了。

5月27日，意大利队在博卡青年主场热身，凭借贝特加的唯一进球，击败了当地的一支乙级队。意大利媒体借势疯狂批评意大利球队，如果每个脏字都是一个烂西红柿，那么这些脏话够意大利队喝一年西红柿汤了。在这种有些不正常的媒体战争中，球队彻底团结起来，决心用实际行动报复媒体。

## 笑呵呵的"润滑油"领队

除了贝阿尔佐特用"防守"战术对付媒体，我们还必须提到一位同样关键的人物——意大利队领队佩罗纳切（Gigi Peronace，1925—1980）。他踢球时并不出名，但长袖善舞。

二战结束初期，当佩罗纳切还在意大利南方的雷吉纳踢球时，他就组织了当地意大利球员与英美联军球员的友谊赛。后来他追随尤文图斯主席翁贝托·阿涅利到了足协，被派驻英格兰，负责意英足球的联系工作。同时，佩罗纳切开始尝试足球经纪工作，是意大利最早的足球经纪人。苏格兰巨星丹尼斯·劳、威尔士名将查尔斯等人登陆意甲，都是这位大佬的杰作。1978年世界杯后，佩罗纳切还组织了由普拉蒂尼、博涅克等人组成的世界明星联队与阿根廷队作赛。

1974年，佩罗纳切回到足协工作，担任国家队领队，贝阿尔佐特被推荐到国家队帅位，就是佩罗纳切的功劳。出征1978年世界杯，也是靠佩罗纳切来搭建球队与媒体的桥梁。封闭归封闭，对抗归对抗，与媒体的沟通工作还是要做。

佩罗纳切属于老好人，跟谁都笑呵呵、搭肩膀，任何人都没办法对这个笑脸发火。世界杯上，国家队若需要向媒体宣布点事情，就由佩罗纳切一个酒店接一个酒店地打电话。队内要是有什么问题，也通过佩罗纳切来协调，因为他对所有人一视同仁，完全是国家队机器正常运转的润滑油。1978年世界杯，佩罗纳切作为一个出色的外交官和"居委会大妈"，是意大利队取得出色成绩的重要功臣。

佩罗纳切和贝阿尔佐特关系非常好。1980年欧洲杯后在罗马的训练场上，佩罗纳切心脏病突发，倒在了贝阿尔佐特的怀中。后来才由传奇球星里瓦接过领队一职，直到2013年。大家都说贝阿尔佐特是烟斗教练。其实，贝帅到1982年世界杯才拿起烟斗，而在1978

年世界杯，佩罗纳切才是经常抽烟斗的。贝帅的烟斗形象，恐怕也是为了告慰老友的在天之灵。

回到世界杯话题。法国队也入住了那家郊区俱乐部，两队经常互相观摩，而这个小组的首战，就发生在这对老冤家之间。

1978年6月2日，法意大战开始。开场仅仅38秒，法国人就打入一球：门将手抛球进攻，西克斯左边路百米跑，生生超越了詹蒂莱和西雷阿的防守，传中，拉孔布门前头球破门，1比0。这是那届世界杯的最快进球，一切似乎都向着意大利媒体"喜闻乐见"的方向发展。

意大利队是真急了。当时的主力前锋、后来的尤文图斯副主席贝特加回忆说："当时我们心里就一个念头，为了让那些傻瓜闭嘴，拼了。"意大利队疯狂进攻，保罗·罗西门前捡漏，中场核心扎卡雷利远射，终于将比分逆转为2比1。这个罗西就是1982年世界杯的最佳射手，当时仅仅22岁的罗西已经在国家队展现出强大的门前杀伤力。意大利队击败了年轻的普拉蒂尼率领的法国队，这时，媒体的批评也弱了一些。

第二战面对匈牙利队，意大利队的流畅进攻和强大控制力在阿根廷引发震惊。如此早地打出状态，太不像向来慢热的意大利队。罗西、贝特加和中场组织核心贝内蒂的进球帮助意大利队早早以3比0领先。贝特加还三次将球打到横梁上，最后是一个不该吹的点球帮匈牙利队挽回了些颜面。

阿根廷队也是两战两胜。两轮过后，意大利队与阿根廷队提前出线。如果末轮意阿打平，则意大利队以净胜球优势获得小组第一。

## 拒送阿根廷人情

小组第一有什么好处？当时还不知道其他小组的最后情况，所以挑对手也无从谈起，而最直接的好处就是第二阶段小组赛的比赛地点。本届世界杯引入两阶段小组赛，第二阶段的两个小组头名进行最后决赛。

阿根廷队希望拿到小组第一，这样可以留在首都布宜诺斯艾利斯踢第二阶段。从球迷热情、市场开发角度来看，这也对世界杯有利。所以这场比赛前，不仅意大利媒体，几乎所有媒体都认为，意大利队会卖阿根廷队一个面子，而且可以好好休息一下，为第二阶段做好准备。

这时意大利一些媒体也指出，主力们可以休息一下了，让替补上去过过瘾。注意：主力的核心是尤文帮，而替补的核心是都灵帮。这届世界杯上也有内部矛盾，比如餐桌上，尤文帮和都灵帮完全分开坐，这也是不可避免的。22人的大名单中，尤文图斯占了9人，这是国家队历史之最，而都灵是6人。

除了佐夫、詹蒂莱、西雷阿这些尤文图斯主力，21岁的卡布里尼（Antonio Cabrini）之前压根没入选过国家队，这次就直接被贝帅带到阿根廷世界杯上了。卡布里尼不仅凭借帅气的外表和优雅的风格成为意大利"妇女之友"，更是世界上最好的盯人中卫之一。1982年世界杯上，他将发挥更强大的作用。

20世纪70年代的亚平宁足坛，都灵城独领风骚。1971年到1978年间，尤文图斯队6次夺冠，只有1975—76赛季被都灵队抢走，同年尤文图斯队是亚军。都灵队则在1976年至1978年的两个赛季品尝了亚军的苦涩。

面对阿根廷队，都灵帮希望上去踢一踢，毕竟这是一场该送人情的比赛。比赛前两天，贝阿尔佐特坚决不透露阵容。足协主席卡拉罗准备了一个调解午餐，希望球队与媒体的矛盾淡化一些。

午餐上，一些记者穷追猛打，甚至拿出准备好的意大利面和比萨讨好消息灵通人士，但均告失败。比赛当天，领队佩罗纳切转述教练的话，"意大利会派出最好的阵容……"当时，意大利媒体和阿根廷媒体都有些误解，以为"最好的阵容"只是客套话，起码不能说"我们要上替补打阿根廷"吧。比赛名单递交后，大家才发现，这是"全主力"意大利队。

据说是尤文帮为主的力量不希望放弃这场比赛，要以全胜让媒体闭嘴。都灵帮的格拉齐亚尼等人也怒了。他们有被耍了的感觉，但找到领队佩罗纳切，怒火就消退了，"这就是主帅的决定，因为我们是为胜利而来的。"以当时贝阿尔佐特的权威加上佩罗纳切的柔术，再加上意大利媒体的外部压力，内部矛盾也仅仅是内部矛盾，没有像四年前那样爆发得不可控制。

比赛开打，友好的阿根廷人突然发现这群意大利人太认真了。好几万意大利移民为祖国球队的勇猛表现无比自豪，疯狂地加油助威。第67分钟，罗西与贝特加撞墙配合，贝特加打入了全场唯一进球，"那一刻我突然感觉到球场失声了，沉默了，或许是阿根廷人的意外吧，但一秒钟后，就是我们球迷的欢呼，我们都很喜欢这种感觉。"贝特加回忆说。

意大利队赢得小组第一，阿根廷队不得不去300公里外的罗萨里奥。不过，其他小组的情况却不太利于意大利队。意大利队在第二阶段小组赛遭遇西德队、奥地利队和荷兰队；阿根廷队那边则是巴西队、波兰队和秘鲁队，最终阿根廷队和巴西队同积5分，凭借净胜球多挺进决赛。但巴西队3比1战胜波兰队后，阿根廷队才开始跟秘鲁队"算术"，比赛6比0结束，阿根廷队闯进决赛，这成为该届世界杯的最大争议。

至于意大利队这边，没有秘鲁队这样的"鱼腩"球队，荷兰队和西德队更是上届世界杯的决赛对手。意大利媒体又找到话题了，"让你们不听话"、"自讨苦吃了吧"……贝阿尔佐特则回应："我们的双手是干净的，因为我们从不搞政治足球。"

## 惜败荷兰队与巴西队

　　击败阿根廷队，三连胜小组出线，这些都给意大利队带来了很多不利因素。其一，太霸气，踢得太漂亮，让对手顾忌。贝特加回忆说："对西德队一开场，我们就感觉到了对手的忌惮，他们开始防守反击，我从没见过德国人也会那么打链式防守。哎，我至今还记得自己的那脚射门直奔大门而去，却在门线上被卡尔茨的脚后跟碰了出来，很长一段时间，他的脚后跟都是我的梦魇。"那是意大利队全场最好的机会，结果是 0比0，德国人守住了平局，也把意大利队逼上绝境。同时，强大的荷兰队以5比1击败奥地利队。

　　第二场意大利对奥地利队，罗西首开纪录，但此后各种好机会都没打进去，浪费了一些积攒净胜球的机会，意大利队以1比0小胜。这场比赛意大利队开始遇到裁判因素的困扰，这或许是激怒了东道主阿根廷队的恶果。以色列主裁克莱因（klein）经常宽容奥地利人的疯狂犯规。想想贝内蒂那种在平时需要铲土车才能推倒的硬汉被奥地利人铲翻在地痛苦不已，就能明白比赛的激烈。有意思的是，四年后意大利队3比2击败巴西队的经典之战，主裁也是这位，届时他将同样宽恕詹蒂莱对济科的贴身照顾，这样才让意大利人觉得他不那么可恨了。

　　奥地利人的各种犯规，对意大利队队员的体能产生了不小冲击。虽然球队年轻，但连续作战让意大利人渐渐失去锐气。就在这时，荷兰人来了。

第二轮荷兰队与西德队2比2战平。西德队已经无缘决赛，荷兰队与意大利队同分，但荷兰队净胜球多，意大利队只有取胜才能进入决赛。这场比赛一开始，主裁判的哨子就吹得非常紧。贝内蒂与卡布里尼都在第一次犯规后吃到黄牌，这导致他们无论如何也打不了决赛或三四名决赛。意大利人事后说，阿根廷人害怕意大利队，所以提前做了工作。

比赛的另一个主角是荷兰队的后卫布兰茨。第18分钟，布兰茨滑铲解围，却在禁区线上将足球铲入自家大门，同时还铲伤了主力门将斯赫雷弗斯，比分变为0比1。下半场，第49分钟，又是布兰茨禁区外的远射，洞穿了佐夫把守的大门，比分改写为1比1。第76分钟，后来执教过中国国家队的阿里汉在40米外远射，佐夫又一次没有扑到。

事后，佐夫向贝阿尔佐特坦白说："没有看到阿里汉的起脚。"加上三四名决赛输给巴西队的两个丢球，佐夫在这两场"决战"中丢了四个球，全是远射。特别是打荷兰队的两个球，让佐夫成了意大利的罪人，被媒体口诛笔伐，直到1982年意大利队夺冠，佐夫才算为自己正名。

荷兰队闯入决赛，被阿根廷队在加时赛以3比1击败。意大利队则与巴西队争夺季军。对巴西队一战，意大利队同样踢得非常出色，上半场几乎压住了前世界冠军。考西奥先打中横梁，第38分钟终于头球破门。此后罗西又打中门柱，意大利队运气不佳。下半场，贝特加的头球又一次命中横梁之后，巴西人的远射救了命，第64分钟内利尼奥禁区右侧的无解弧线球让佐夫毫无办法，比分变为1比1。第71分钟迪尔塞乌远射打入大门左下角，佐夫成了意大利队在本届世界杯上最失意之人。阿根廷媒体当时评价，"如果意大利队门将是菲略尔（阿根廷国门），那这届冠军就应该是意大利队的了。"

从整个世界杯进程看，意大利队经常是上半场猛冲猛打，控制比赛，制造无数机会。而随着赛事进行，年轻球队的后劲确实有些不足，打荷兰队和巴西队，都是1比0变成1比2。所谓佐夫被远射祸害，也是由于意大利队中场以及前场对对手的压迫性下降，给了对手远射的空间。

总之，意大利队的状态出得太早。四年后，意大利人才诠释了什么叫做慢热。小组赛三场平局，依靠进球数比喀麦隆队多1个（净胜球同为0）才勉强出线，接着才有对巴西队、西德队的经典胜利和最后捧杯。

无论如何，一支完全革命后的意大利队能取得如此成绩，已经非常不错。意大利足球的复兴正式拉开序幕。卡布里尼和罗西这样的年轻才俊接受了大赛洗礼，这是未来夺冠的重要原因。

当然，国家队与媒体的对立情绪也愈发严重，这既有有利的方面，比如令球队更加团结；也有不利的方面，比如日后一旦有些风吹草动，媒体就力尽渲染之能事。

从阿根廷回国后，意大利球员们受到了英雄般的欢迎，西红柿和臭鸡蛋则留给了抵达机场的记者团。1978年世界杯前后，绝大部分体育记者的态度有失偏颇，为了批评而批评，让国人开始厌烦。1978年意大利队的成功，更是媒体的一次惨败。

# 十二、金杯，一个国家的自我救赎

　　这将是第一次由24支球队参加的世界杯；是第一次国歌通过磁带播放而非乐队奏响的世界杯；是马拉多纳亮相的世界杯；是号称贝利之后最美妙的巴西世界杯。但是没有人想到，经历了1970年代末赌球风波、被媒体骂得一无是处、小组赛一场不胜的意大利队，最后四场接连击败阿根廷队、巴西队、波兰队和德国队，一举夺得金杯。

　　一切要从1978年的世界杯殿军说起。由于1980年欧洲杯在意大利本土举行，所以两年间意大利队没有正式比赛。主帅贝阿尔佐特坚持使用老臣子，不愿意更换新人，1978年那批球员确实也都是正当年。

1978年吃了一鼻子灰的意大利媒体们也开始积聚能量，恢复批评，因为"媒体总是对的"。其实欧洲杯之前，意大利队成绩不错，基本没输过球。但友谊赛毕竟无法充分调动球员的积极性，以致场面不算太好看，这给了媒体们准备材料的好机会。

## "赌球门"席卷亚平宁

这时，意大利足球史上最大丑闻之一——"赌球门"爆发，最终AC米兰和拉齐奥双双被罚降级，贝阿尔佐特一直看好的保罗·罗西等球员也被长期禁赛。意大利足协主席弗兰基当时兼任欧足联主席，他只得羞愤辞职。这次赌球丑闻，对刚刚复兴的意大利足球是一次重大打击。它正好在欧洲杯之前爆发，影响了意大利队，以致他们在本土举行的欧洲杯上仅仅收获一场胜利，获得第四名（8队进入决赛圈）。

让我们回顾一下这次"赌球门"。它和日后2006年世界杯前的"电话门"、2012年欧洲杯前的"投注门"并称意大利足球历史上的三大丑闻。就像之前我们提到的，外界矛盾愈发尖锐之时，意大利队队内就更团结，战斗力就更加强悍。两届世界杯冠军、一次欧洲杯亚军都出现在丑闻打击之后。

1980年3月1日，一名来自罗马的水果商人克鲁奇亚尼（Massimo Cruciani）向罗马地方检察院检举，自己被收买投注并被贿赂要求其保持沉默。他曾在一家餐馆老板特林卡（Alvaro Trinca）的介绍下，与几名拉齐奥球员相识，这几名拉齐奥球员"建议"克鲁奇亚尼下注一些意甲比赛，因为他们有"料"。当然克鲁奇亚尼要给他们一些好处费。不过，克鲁奇亚尼在这些投注中也输了不少钱，可能是"料"不够可靠，也可能是这些球员无法控制那些比赛结果，最终，输得过多的克鲁奇亚尼一怒之下检举报案，这牵扯出了一长串意甲、意乙球队和球员的名字。

1980年3月23日，意甲第24轮和意乙第27轮比赛结束后，警方和检方联合行动，直接杀入球场，将刚结束比赛的一些球员铐上手铐，带入警察局。其中有拉齐奥的乔尔达诺、曼弗雷多尼亚和威尔逊（就是1974年世界杯带拉齐奥帮造反的那位），以及AC米兰的阿尔贝托西和莫里尼（这两位比较大牌）。其他人则被监禁在家，比如当时效力佩鲁贾的保罗·罗西。

AC米兰的莫里尼被控在米兰俱乐部主席科隆博授意下，拿着报纸卷着2000万里拉去罗马交给克鲁奇亚尼和特林卡，让他们保持沉默，不要乱说话。因为1980年1月6日米兰2比1击败拉齐奥的比赛完全是被操纵的，所以到了赛季末，米兰责无旁贷地0比2输给濒临降级的拉齐奥，送给对方保级救命分。最终两队都被降级，米兰主席科隆博被终生禁职，负责联络作假的阿尔贝托西被停赛4年，跑腿的莫里尼及队友基奥迪分别被禁赛10个月和6个月。拉齐奥队中的数人则被处以3年和3年半不等的禁赛。

保罗·罗西落网，则是因为1979年12月30日阿维利诺与佩鲁贾的2比2比赛。法官认为罗西参与了对比赛的操纵，可罗西到今天也不承认自己错了。他说："当他们把克鲁奇亚尼介绍给我时，只说阿维利诺同意打成平局，我说我可以问问球队的意思，就这些。当时我根本不知道有赌球的因素，我只以为是那种双方都接受的协议平局。但在随后的审判中，我却被当作一个赌球组织者看待。你们知道我回到家时，父母是如何看我的吗？"

1970年代末，正赶上意大利社会动荡，出现了红色旅杀人事件，极左极右势力猖獗。意大利政府需要用强有力的手段来赢得民心，所以严厉处理了"赌球门"事件。24岁的罗西，风华正茂，却掉进了"赌球门"的大坑。

1977—78赛季效力维琴察时，罗西勇夺意甲最佳射手的封号，维琴察也名列意甲次席，号称"皇家维琴察"。当时，罗西是尤文图斯租给维琴察的，仅仅出售了罗西一半的所有权，当尤文图斯主席博尼佩尔蒂在信封投标（双方各自在信封中写上一半所有权的价格，价高者将以该价收购对方手中的一半所有权）中写上8亿里拉时，维琴察老板法里纳（也是1982年至1986年间AC米兰的老板）直接写下了26亿里拉的投标价，抢走了罗西。不料，1978—1979赛季末，维琴察意外降级，于是将罗西卖给了佩鲁贾。

正是在佩鲁贾，罗西"犯下大错"，幸好提起上诉后，一审判决的三年禁赛被改为两年，这也为罗西两年后出征世界杯创造了机会。不得不说，如此一名少年成名的明星前锋，在职业生涯最低谷、即将掉入地狱时，遇到了两位天使——尤文图斯主席博尼佩尔蒂和国家队主帅贝阿尔佐特。

1981年，还有一年禁赛期的罗西被尤文图斯买下，这是一种信任，是对未来的投资，让罗西如何不死心塌地报恩？贝阿尔佐特也是如此，如果不是他的坚持，世界杯前只打了一场联赛的罗西如何能去西班牙？如何能在三场小组赛和一场第二阶段小组赛颗粒无收后依然被使用？如何能在后面接连开火、三场比赛轰入6球？

## 媒体与贝帅彻底闹翻

贝阿尔佐特的坚持，也是意大利媒体批评的焦点。欧洲杯开打时，贝阿尔佐特只召入了两名新人：科洛瓦蒂和奥里亚利，成绩也仅仅是第四，再加上经济危机，意大利的欧洲球场里空空荡荡，一片萧条。媒体的炮口当然要对准球队，对准主帅。

为了顶替禁赛的罗西，在欧洲杯上，贝阿尔佐特起用了国际米兰中锋阿尔托贝利(Altobelli)。因身形瘦高，阿尔托贝利得外号"针"。欧洲杯后3比1击败葡萄牙队的友谊赛中，阿尔托贝利打入两球。世界杯预选赛开始了，意大利队和卢森堡队、丹麦队、希腊队和南斯拉夫队分在一组。第一场意大利队虽然2比0战胜卢森堡队，但场面很难看。不得不说，当时意大利队情绪不高，和整个意大利社会一样。

《米兰体育报》的大标题是，"够了！贝阿尔佐特，要不改变，要不离开国家队。"《晚邮报》写道："足协该思考一下了，我们的国家队是否还有必要留在这样一个极度自我、不听取别人意见的主教练手中。"此后，意大利队分别以2比0战胜南斯拉夫队、希腊队和丹麦队，拿到世界杯门票似乎不成问题。这样一来媒体自然偃旗息鼓。

1981年夏天，意大利队客场1比1逼平南斯拉夫队。这个平局来之不易，42年了，意大利队从没在这里全身而退。但接连输了几场友谊赛后，媒体们又开始针对贝阿尔佐特的选人和用兵问题进行疯狂攻击。

更大的损失是，1981年11月4日，在欧冠尤文图斯与安德莱赫特的比赛中，头号射手贝特加在与门将穆纳隆的冲撞中严重受伤。损失了这位贝阿尔佐特的得意弟子，意大利队锋线损失惨重。虽然意大利队成功拿到世界杯入场券，但贝阿尔佐特不听从媒体的建议，这让媒体非常愤怒，所谓"贝卡洛西党"就这样成立了。贝卡洛西是国际米兰前锋，无论媒体如何吹风，贝阿尔佐特坚决不用他。此后，"贝卡洛西党"一词就代表着媒体在用人上与主帅有极大分歧。

1982年5月2日，保罗·罗西刚结束禁赛，就被尤文图斯主帅特拉帕托尼启用，在联赛中打入一球。贝特加也伤愈了，但贝阿尔佐特无法招入一个很久没打比赛的球员。当媒体又开始鼓吹"用布鲁佐（罗马射手）"时，贝阿尔佐特却招入了卡利亚里前锋塞尔瓦吉，此举引起巨大争议。有人说是卡利亚里前辈——国家队领队里瓦的作用，因为塞尔瓦吉实在不是一名走得上世界舞台的顶级前锋。

不过，塞尔瓦吉有个好性格。在1982世界杯上，这位卡利亚里前锋连替补席都没上过一次，纯粹是免费坐了世界杯看台，他后来说："我没有问题，因为我知道主教练使用的都是他认为最合适的球员，我和多塞纳、维尔乔沃德等人都是球队的坚实后盾。我没有踢过世界杯，我一点也不羞愧，因为我在支持着队友们，我在训练中帮助着队友们……"

这就是世界杯上意大利队更衣室里的完美气氛，替补绝不闹事，这非常关键。试想，如果来的是一名性格火爆的前锋，那么在罗西前四场都没进球的情况下，更衣室内部会出现什么问题？贝阿尔佐特招入的或许不全是最强之人，但绝对是最利于更衣室环境之人，起码能一致对外。

后来也有个段子说，这位塞尔瓦吉是因为塔尔代利才入选的。"是啊，他们开玩笑说，必须给塔尔代利找一个室友，也只有我能受得了他，因为我不太爱睡觉。" 塞尔瓦吉后来打趣地说。塔尔代利尤以精力旺盛出名，特别爱聊天，每天晚上都跟室友侃大山。

言归正传，世界杯前的最后一场友谊赛，意大利队1比1战平瑞士队。媒体抨击在所难免，而且这次开始过界了，甚至开始对贝阿尔佐特进行人身攻击，"脑残"都是比较文明的用语了。

到了世界杯比赛地西班牙后，意大利队又打了一场热身赛，对手是葡甲新军布拉加队，意大利队仅仅是1比0取胜。意大利足协主席索尔蒂洛说："如果国家队是这样，我们最好还是回家吧。"可以说，索尔蒂洛也抛弃了国家队，抛弃了贝阿尔佐特。这也是为什么夺冠后，贝阿尔佐特没有给索尔蒂洛好脸色看的原因。

## 小组赛三平出线

小组赛第一场意大利队对阵博涅克的波兰队。博涅克和普拉蒂尼都是刚刚被尤文图斯签下的。塔尔代利完全遏制住了博涅克，詹蒂莱压制了对方球员斯莫拉雷克的速度，卡布里尼在和老对手拉托的对抗中显得有些吃力。其他方面意大利队占据了完全上风，但波兰门将左扑右挡，最后还有横梁帮忙，波兰队0比0逼平意大利队。

四天之后对战秘鲁队，意大利队派上了完全相同的阵容。上半场意大利队的表现非常出色，风一样的孔蒂在禁区线上破门，比分变为1比0。下半场情况有些糟糕，除了秘鲁队的一个点球没有吹之外，迪亚斯的射门被科洛瓦蒂挡入自家大门，比分变为1比1。不出所料，媒体的批评像潮水一样涌来。

第三场小组赛对阵喀麦隆队。对方门将恩科诺表现得很出色，但终有一失，他的一次门前摔倒促使格拉齐亚尼头球吊射破门。一分钟后，喀麦隆队就由姆比达追平比分，不过这个进球有越位嫌疑。球员们那场比赛中踢得人仰马翻，喀麦隆人的身体素质限制了意大利队的战术发挥。看看阿尔托贝利的球裤被撕成"旗袍大开叉"，就能明白比赛的激烈程度。

幸好意大利队对战秘鲁队时进了一个球，幸好非洲新军也没有赢得小组赛（3平）。波兰队1胜1平积4分，意大利队与喀麦隆队都是3平积3分。意大利队最终凭借进球优势（2个进球对喀麦隆队1个进球）进入第二阶段小组赛。小组不败的非洲雄狮出局了，意大利队由此则成为世界杯历史上第一支小组赛不胜就能出线的球队。

此时的贝阿尔佐特油盐不进，无论媒体浪费多少口水，"烟斗教练"都不回应、不搭理。于是，媒体们的炮口开始转向整个球队。有消息透露，只要过关第一阶段小组赛，意大利队每名球员就都将得到7000万里拉（约合3.5万欧元）的奖金。但现在一场没赢就能拿到这笔钱？最后，事情不了了之，毕竟意大利队最终夺冠了，谁还会自讨苦吃去追究这没有赢球的小组赛奖金呢？

第二阶段小组赛共分四组，每组三队，头名出线进入半决赛。意大利队遭遇了南美两强——济科和苏格拉底的巴西队和马拉多纳的阿根廷队，这是毫无疑问的死亡之组。意大利队如果延续小组赛的状态，出局无法避免。媒体时刻准备着将贝阿尔佐特和球队钉在十字架上，报纸上也经常出现批评贝阿尔佐特"脑残"的字眼。最有代表性的讽刺文章是，"在担任意大利国家队主帅之前，贝阿尔佐特只是一个在弗留利（乌迪内市）的广场上喝咖啡、无所事事的家伙。有汽车路过时，会有人停车下来问路，贝阿尔佐特赶紧站起来告诉他们正确的道路，于是某些人就开始认为贝阿尔佐特是个好使的'指路人'，就将国家队交给他来'指路'，而他仅仅是个容易自以为是、思绪混乱的家伙。"

保罗·罗西更是贝阿尔佐特被敲打的重点原因，他在小组赛三场比赛中一球未进。尽管如此，主帅依然让他打主力前锋。"让他上场就是犯傻。那种停赛了两年的球员，那样的状态，应该直接扔到山里去……"媒体批评说。

意大利队离开了清凉的西班牙西北城市维哥，来到了炎热的巴塞罗那。而球队与媒体的大战终于上升到不可调节、前所未有的程度。导火索是同性恋事件，一家米兰城小报披露罗西和卡布里尼的超友谊关系："亲密得就像一对恋人。"当时罗西和卡布里尼都是美男子，卡布里尼更是全意大利女性公认的情人，有意思的是，卡布里尼时至今日还是意大利女足国家队主帅。对于罗西与卡布里尼的攻击，和2002年世界杯大家调侃维耶里与因扎吉关系密切的玩笑不同。那是真正的人身攻击，乃至巴西队球星苏格拉底对意大利记者们直接发问，"他们到底是不是同性恋？"

再加上之前的7000万里拉丑闻，意大利队上下大为光火，集体讨论后决定，进入新闻沉默，这可是开创了意大利足球史的先河。在媒体面前说话的只有门将佐夫，佐夫可是和贝阿尔佐特一样的火爆脾气，言语间不经意就把看不上的记者们骂了个遍。2000年欧洲杯意大利队拿到亚军后，因为贝卢斯科尼的一些攻击，佐夫一气之下就辞职了，可以想象这位意大利传奇门将的性格。

足协主席索尔蒂洛也召开了新闻发布会，全盘否认小组赛出线就有7000万里拉奖金的事情，并声称要对制造假新闻的当事人追究责任。当然，这是没有结果的威胁。意大利记者们也愤怒了，新闻沉默就是对媒体的藐视，尤其是在国外同行面前，自己搞不定球队，太"丢面子"了。他们等待着可怜的意大利队被天才的巴西队和阿根廷队暴虐，这样他们就可以去踩上几脚。

## 连斩三敌闯入决赛

第二阶段小组赛，意大利队首先与卫冕冠军阿根廷队交手。贝阿尔佐特再次确认了罗西的主力位置，尽管他此前表现不佳。1982年6月29日，意阿大战开始，初期梅诺蒂的阿根廷队占据一些优势。但退守的意大利队并不慌乱，在仔细研究对手。

阿根廷队的头号球星是马拉多纳，他发现自己遇上了一个真正的克星——尤文图斯的詹蒂莱，这也是马拉多纳未来在意甲联赛中要经常面对的冤家。詹蒂莱要么在马拉多纳的肩膀上，要么踢他的脚踝，要么弄他的膝盖。詹蒂莱的盯人方式层出不穷，就像马拉多纳上辈子对不起他一样。球王完全被詹蒂莱盯死，此后与巴西队比赛时因踩踏动作吃到红牌，也许都是被詹蒂莱挑出的火气。

下半场，意大利队开始出击，各种直线快速进攻让阿根廷队的防线疲惫不堪。第55分钟，塔尔代利怒射攻破了阿根廷队大门。三队小组赛只出线一支球队，那输球的几乎就要被淘汰了。阿根廷队奋起反攻，马拉多纳的任意球打在横梁上。第67分钟，意大利队又发动了一波进攻，卡布里尼助攻上前抢射破门，比分变为2比0。全场哗然，纷纷惊叹，"这是意大利队吗？这是阿根廷队吗？"终场前，阿根廷队获得任意球，帕萨雷拉没等裁判吹哨就开球射门，足球飞入佐夫把守的大门，但意大利队已胜券在握了，比分为2比1。

第二场比赛，阿根廷队1比3被强大的巴西队打败。于是，第三场巴西队与意大利队的比赛就成了"小组决战"，而且巴西队占据主动，因此净胜球比意大利队多一个，打平就可以出线，意大利队只有取胜一条路。

7月5日，意大利队与巴西队交战。贝阿尔佐特沿用了主力11人阵容，他似乎就是要赌，就是要和媒体较劲，非要把这套慢热阵容用到成功。出乎人们意料，一贯防守的意大利队开场就强势进攻，巴西队似乎也没想到，打得有些狼狈。

开场仅仅5分钟，卡布里尼左侧45度传中，罗西头球破门，比分为1比0。这个进球彻底驱散了意大利队头号前锋萦绕在心中长达两年的阴影。就算0比1落后，巴西队也不是很焦躁，因为此前与苏格兰队、苏联队交手，巴西队都是先丢球后赢球。第12分钟，苏格拉底突破后手术刀般的进球帮助巴西队1比1追平。但是第25分钟，又是罗西劲射，将比分改写为2比1。第69分钟，效力罗马的法尔考"冒着被解雇的风险"打入把比分扳成2比2的进球。5分钟后，罗西又一次门前捡漏打入1球，将比分改写为3比2。这是终场比分，当然还要感谢门神佐夫完美地阻拦了巴西队的疯狂进攻。

意大利队突破南美双骄的封锁，杀入世界杯四强，这让很多人大跌眼镜。这场比赛的主裁判是以色列人克莱因，四年前也是第二阶段小组赛，他执法了意大利队与奥地利队1比0的比赛，当时克莱因对对手格外宽容。而这一次，当詹蒂莱贴身防守济科时，几乎完全遏制了济科的发挥，但也换来了一张让他错过半决赛的黄牌。

这场比赛的功臣当然是独中三元的20号罗西，赛后大家簇拥着罗西。当抬头看到大屏幕上打出自己当选最佳球员时，罗西会心地笑了。那笑容不但意味着告别心酸，也回报了贝阿尔佐特的信任。当然，这一切还没有结束，金童罗西的传奇刚开始。

半决赛，意大利队面对小组赛中力压自己成为小组第一的波兰队。虽然损失了盯人中卫詹蒂莱，但波兰队的4球头号射手博涅克也因累积黄牌停赛。他是波兰队不可或缺的领袖，而詹蒂莱被贝尔戈米很好地顶替了。

连阿根廷队和巴西队都拿下了，意大利队开始充满自信，也从纷繁的媒体批评声中暂时得到些平静。对阵波兰队，可以说是世界杯开始后意大利队踢得最轻松的一场球，除了对手颇有些破坏性的犯规，比如布鲁诺·孔蒂被撞出场外，翻滚过广告牌躺在地上久久不能起身，一群摄影记者很没有同情心地一阵猛拍。

罗西在第22分钟和73分钟的两个门前抢点，诠释了这位前锋的敏锐洞察力和强大杀伤力，他又一次当选全场最佳球员。2比0击败波兰队，意大利队在1970年之后再一次闯入了世界杯决赛。决赛对手是西德队，他们在半决赛中终场前3比3追平法国队，点球大战淘汰了普拉蒂尼和他的小伙伴们。

## 决赛轻松击败西德队

由于安东尼奥尼在对波兰队的比赛中受伤，贝阿尔佐特则用世界杯新人奥里亚利顶替。奥里亚利就是2010年国际米兰三冠王时期的技术部经理。后防线上，贝尔戈米、詹蒂莱和科洛瓦蒂一对一盯死鲁梅尼克、利特巴尔斯基以及菲舍尔这三个箭头。有意思的是，解禁复出的詹蒂莱剃掉了经典的小胡子，因为打巴西队前他曾和队友打赌，如果击败巴西队就剃胡子。

德国队的进攻很难奏效，但防守也很到位，整个上半场都比较胶着。唯一的亮点是第24分钟，顶替肩膀受伤的格拉齐亚尼出场的阿尔托贝利传中，孔蒂在禁区内被撞倒，意大利队获得点球。可惜，卡布里尼射失点球，他也因此成为世界杯决赛历史上常规时间里唯一射丢点球的人。

半场更衣室里，意大利球员都很平静，比赛打到这个份上，意大利队不怕输了。唯一有些紧张的是射丢点球的卡布里尼，他有些坐立不安。佐夫上去安慰说："好了，你还不明白吗？因为你射丢的点球，我们绝对不会输了。"

德国队的意志有口皆碑。1970年世界杯半决赛的世纪大战，意大利队开场8分钟就进球了，但德国队终场前扳平，加时赛双方又各进五球，意大利队以4比3险胜。佐夫的意思是，不要过早领先，那样容易刺激德国人的神经。等到下半场再杀死德国队，不给对手任何反击的时间和机会。

第56分钟，意大利队右路传中打到门前。气势越来越盛的意大利队竟然三个人同时出现在德国门将附近抢点，他们是罗西、卡布里尼、孔蒂。最后又是神奇的罗西将球撞入德国队大门，比分变为1比0。

此后德国队的反击基本都被意大利队的防线挡住。偶尔威胁佐夫，也被佐夫用身体各个部位拦截。可以说，这场决赛意大利全队都调整到了最佳状态。第68分钟，与贝肯鲍尔、巴雷西并称为"世界上最伟大的三位自由人"的西雷阿大胆助攻，右路一直下到底线传中。包抄到位的塔尔代利打入其一辈子最重要的进球——左脚禁区线上扫射破门。比分变为2比0，意大利队离奖杯越来越近。意大利球员疯狂冲到场边与队友们庆祝，但西班牙警察们开始干预，怕引发太大规模的骚乱，这多少让意大利人有些扫兴。

比赛已经进入意大利队节奏。随后德国队头号球星鲁梅尼格因伤离场，比赛结果基本没有悬念。第81分钟，"飞翔的意大利人"孔蒂右路下底，横传；替补上场的阿尔托贝利拿球，冷静地晃过门将，倒地扫射。比分改写为3比0。阿尔托贝利也成为第一位在决赛中替补上场进球的球员。助攻的孔蒂躺在草地上，一动不动，他已经没有力气再奔跑了，在西班牙的长跑终于要结束了。贝阿尔佐特将这位"跑不死球员"带到西班牙，真的是最明智的选择。

此时，意大利队老总统佩尔蒂尼在伯纳乌看台上欢呼、手舞足蹈，这个镜头成为本届世界杯的场外经典。更经典的是，回国的飞机上，佩尔蒂尼、贝阿尔佐特、佐夫和考西奥围在桌子旁一起打扑克，而桌子上放着的正是1982年世界杯金杯。

考西奥是贝阿尔佐特的爱将，虽然已经不复1978年之勇，但贝帅还是将他召入。意大利队3比0领先后，德国队在第83分钟由布莱特纳攻入挽回面子的一球。第89分钟，贝阿尔佐特终于换上爱将考西奥，有意思的是，换下的就是替补上场进球的阿尔托贝利。贝阿尔佐特给了阿尔托贝利享受掌声的过程，也给了考西奥一个完美的国家队收官之战。

## 用金杯回敬所有质疑

兴奋得无与伦比的贝阿尔佐特，在场边一动不动地盯着裁判的哨子。哨子吹响了，所有的咒骂、委屈、怒火……一切都值得了。贝阿尔佐特是继传奇教练波佐之后，第二位举起世界杯的意大利教头。实际上，在意大利他的外号是"老爷子"，因为他执教国家队104场比赛，超过了波佐的97场。

伯纳乌成为庆祝的海洋。一直站在主帅和球队身边充当盾牌的40岁门神佐夫，牢牢将奖杯捏在手中，就像比赛中拿住每一个足球一样。迅速掩饰住，眼中的泪花他只是在怒吼、发泄。

举着金杯绕场庆祝的罗西，再也忍不住泪水。他打入6球，对巴西队、波兰队、德国队的三场"决赛"都有进球，彻底打了那些批评他的人一个大嘴巴。事后他回忆说："我看着疯狂的人们，看着队友们的庆祝，我感受到了内心的一点苦楚，'我真的想时间停下来'，我对自己说。我知道自己再也不会有这样的经历了，我真的怕这种快乐和幸福从指间滑过再也抓不住……"从禁赛两年，到世界杯最佳射手、最佳球员以及1982年底的金球奖，罗西本身就书写了一段传奇。

回到酒店，球员们疯狂庆祝，据说毁了不少酒店的东西。有意思的是，参加这个庆祝的不是22名球员，而是21名，有一人很特别，他就是西雷阿。西雷阿就像什么都没发生，上楼看书去了。后来是老队长佐夫上去动用权威外加粗暴，才将西雷阿拉下来参加了小伙子们的疯狂派对。

这是1982年7月11日，午夜过后，安东尼奥·卡萨诺在巴里出生了。人们称卡萨诺为"转世灵童"也是缘于此。可惜的是，卡萨诺参加了2004年、2008年、2012年三届欧洲杯，2006年和2010年两届世界杯都没有去成，因为时任意大利队主帅里皮不待见他。

相信这个时候，意大利的记者们是全意大利最高兴也最不高兴的人，高兴的是体育媒体将获得一个新高潮，不高兴的是他们被彻底回击了。就像贝阿尔佐特回程之前终于开口说的，"你们说了什么？我根本不在乎你们是怎么想、怎么说的。"

从贝阿尔佐特的例子也能看出，主帅才是一支国家队真正的灵魂。尤其是在意大利这个几乎每个球迷都自认为是足球专家、每个记者都自认为是足球博士的国度，一个国家队主帅不知要面临多少外部压力。说句不好听的，一个有点性格的主帅，反而会因为外界压力而故意不召某些球员，故意不用某些球员。

与前任瓦尔卡雷吉不同，贝阿尔佐特以他的强硬赢得了一切荣誉，完全痛击了意大利媒体。当然，在足球道路上不可能永远一帆风顺，只要稍有趔趄，就很可能被媒体狙击。经过1984年欧洲杯的失败和1986年世界杯的低迷后，贝阿尔佐特高傲地辞职了，虽然他的合同签到了1990年。

# 十三、"烟斗教练"时代终结

足球场上没有永恒的胜利者，只要不急流勇退，迟早会从神坛上走下来。1982年在西班牙世界杯上称雄的意大利队，没能像1934年和1938年那样卫冕世界冠军。他们的金杯最终交到了马拉多纳的手中。

1986年世界杯东道主是墨西哥。16年前，意大利队与德国队携手在那里书写了4比3的世纪大战，但这一次，意大利队只坚持到1/8决赛就被普拉蒂尼的法国队淘汰了。法国队在两年前刚刚夺得欧洲杯冠军。那一届欧洲杯决赛圈中甚至都没有意大利人的身影。世界冠军在预选赛就被淘汰，出乎所有人的意料，这也是"罗马帝国"将倾的重要标志。

## 带着老伙计们继续前进

1982年夏天，整个意大利都在欢庆7月赢得的世界杯。贝阿尔佐特更是在四年来与媒体的大战中大获全胜。这不是自我膨胀，而是一种自信，所以世界杯后，世界冠军主帅并没有对意大利队阵容进行多少调整。也可以想象，一群老伙计陪着他赢得了整个世界，他又如何能轻易抛弃那些战友呢？后来，里皮的2006年冠军队到2010年世界杯上在小组赛被淘汰，总被人骂不愿意尝试新人，这其实也有"念旧"的成分。如果很轻易地更换开国大将，必定让人心寒。

8月对瑞士队的比赛放在罗马奥林匹克球场进行，这是为了让英雄球队享受一下首都人民的欢呼，与球迷欢庆。但是不给面子的瑞士人1比0取胜。历史上第一次客场击败了意大利队。虽然不太尽兴，但意大利人也没那么高的要求。这毕竟是一场友谊赛。

正式比赛很快到来。欧洲杯预选赛上，意大利队首战在都灵迎战捷克斯洛伐克队。把比赛安排在这里，是因为意大利队中有很多尤文图斯球员。这是真正的主场，但结果却是2比2。其实，意大利队踢得不错，完全控制了比赛，可惜给了对手三次反击机会，让其打入两球。

接下来，意大利队内部发生了一些问题，更准确地说是国家队与足协发生了矛盾。足协主席索尔蒂洛曾在1982年世界杯上"下车"。他批评球队"这样踢下去不如回家算了"。贝阿尔佐特与索尔蒂洛从此闹僵。世界杯后谈续约，贝阿尔佐特希望自己有机会卫冕世界杯，成为第一位三战世界杯的主帅。双方经过不少争执、妥协和牺牲，才很"官方"地将续约完成，且合同持续到1986年世界杯后。

不过，足协方面有点不地道，给贝阿尔佐特助手们的工资少得可怜，却新增加了几个国家队职位，给"自己人"让人眼馋的工资。此举算是在恶心贝阿尔佐特的团队。后来有说法称，贝阿尔佐特一怒之下自掏腰包补贴助手，直到离开国家队。

1982年12月，意大利队迎来小组赛第二个对手罗马尼亚队。这场预选赛以0比0收场。罗马尼亚人完全展现了"角斗士"的风采，犯规不断，连世界杯上最"脏"的詹蒂莱都被踢得小心翼翼、缩手缩脚。而法国主裁判科拉斯不仅对犯规视若无睹，对意大利队的三个点球机会也毫不理会。后来意大利媒体也有些同仇敌忾了，愤怒地说道："法国人是不想我们去他们主办的欧洲杯？"

总之，1982年自然年，意大利国家队一共打了13场比赛，只赢了4场。这四场就是西班牙世界杯上最后四场。阿根廷队、巴西队、波兰队和德国队成为蓝军通向世界冠军宝座的垫脚石。世界杯后期，意大利队状态太好了，爆发出所有战斗力，世界杯后起步迟缓也情有可原。

## 无缘1984年欧洲杯决赛圈

意大利队的问题出在进攻火力上，金童罗西状态有些下滑。贝阿尔佐特开始招人，但招的是老部下——因"赌球门"曾被禁赛的乔尔达诺和因伤错过成为世界冠军机会的贝特加。

当时意大利媒体有两个派系，一个派系认为贝阿尔佐特必须更新换代了，就算冒着"被打脸"的风险也要开骂；另一个派系则认为从1978年到1982年之间的故事可以看出，任何对贝阿尔佐特的劝谏、批评和攻击都没有效果。劝谏甚至可能成为副作用，挡住贝帅自己求变的道路。

1983年2月12日，意大利队欧洲杯预选赛第一个客场对阵塞浦路斯队。理论上这是一个可供世界冠军发泄怒火、找回冠军节奏的机会，但意大利队依然没有赢得胜利，1比1战平塞浦路斯队，进球还是靠着对手的乌龙球。因为布鲁诺·孔蒂受伤，贝阿尔佐特又召回一个老人——考西奥。其实考西奥在对西德队的决赛中第89分钟上场，就是要以一个完美的方式终结国家队之旅，可贝帅喜欢用旧部下，考西奥也只能硬着头皮上了。

三场平局之后，鉴于当时还不是"三分制"，意大利队仍有机会。毕竟前两名均可小组出线。4月16日，意大利队客场挑战罗马尼亚队。对方博洛尼的进球残酷打击了意大利队的欧洲杯前景。背水一战是5月29日在哥德堡对阵瑞典队。意大利队追不上领跑的罗马尼亚队，只能追瑞典队了。

让人有些无奈的是，仅仅3天前，也就是5月26日，尤文图斯刚在雅典0比1输给汉堡队。那是尤文图斯历史上第一次杀入冠军杯决赛，可以想象斑马军团在那场比赛中投入了多少精力。几乎没有休息，以尤文图斯为班底的国家队就飞到瑞典，最终却被瑞典人当头棒喝，"欧洲杯门票是我们的……"

0比2的结果，从理论上摧毁了世界冠军进军欧洲杯的希望。那场比赛也是传奇门将佐夫在国家队的最后一战。他为国出场112次（丢84球），在意大利足球史上排名第四，仅次于布冯、卡纳瓦罗和马尔蒂尼。这也是他职业生涯的最后一战，给人以英雄迟暮之感。

更让意大利足球损失惨重的是，1983年8月12日，足协名誉主席弗兰基车祸身亡。1966年英格兰世界杯上意大利队被朝鲜队淘汰后，弗兰基在足协主席位置上奋斗了10年。他是意大利队赢得1968年欧洲杯冠军和1970年世界杯亚军的功勋人物。后来弗兰基渐渐将工作重点转移到欧足联和国际足联，在推动足球发展、在意大利足球的复兴方面，起了相当关键的作用。

弗兰基是贝阿尔佐特的坚定支持者。1990年世界杯最终能在意大利举行，也是弗兰基提出议案，并着手申办的。时至今日，弗兰基依然是意大利足球历史上最成功、最受人尊敬的足协主席。自他之后，意大利足球在国际足坛上的政治地位一日不如一日。

弗兰基出生在佛罗伦萨。为了向这位足坛伟人致敬，佛罗伦萨如今的主场也叫弗兰基球场。弗兰基的突然离世，更让人们对国家队的前途感到渺茫。接下来的预选赛，意大利队又接连输给瑞典队和捷克斯洛伐克队，仅仅在最后一场毫无意义的小组赛中以3比1击败塞浦路斯队，失去了进入1984年欧洲杯决赛圈的资格。

1984年5月，当欧洲8强正在磨刀霍霍，准备厮杀欧洲杯时，被淘汰的世界冠军终于收获了一个好消息——1990年世界杯将被安排在意大利举行。这必须要感谢足协主席索尔蒂洛以及奥委会主席卡拉罗的长袖善舞。再加上此前担任过欧足联主席的弗兰基的人脉资源，世界杯卫冕冠军成功地将世界杯主办权带回意大利。当然，正式开幕还得再等6年。

## 更新球队却苦无资源

欧洲杯结束后，墨西哥世界杯预选赛拉开序幕。作为卫冕冠军，意大利队直接进入决赛圈，但热身赛不可少，这也是更新球队的好机会。贝阿尔佐特非常清楚，四年前的老臣子们不一定都适合再去世界杯。他开口说道："接下来两年的友谊赛，我或许还会看看大家的身份证（用用熟人），但世界杯来临之前，身份证都不管用了，我只会看表现。谁状态好，值得信赖，我就会选谁去捍卫我们两年前赢得的世界杯。"

贝阿尔佐特确实开始了变革。加利、巴雷西、安切洛蒂、多塞纳等人成了主力，但进球的还是老人。罗西在对墨西哥队的友谊赛中完成了世界杯后的第一个帽子戏法。意大利队5比0大胜对手。随后意大利队输给了西德队，这是国际足联成立80周年庆典。为了重现1982年世界杯决赛的经典场面，国际足联把意大利队和德国队请到苏黎世作赛，结果意大利队0比1告负。

欧洲杯预选赛失利后，向来爱拆台的意大利媒体比较统一，没有穷追猛打。大家的想法是一致的——卫冕世界杯比一时斗嘴更重要。贝帅的世界杯起航也得到了媒体的配合，那时的标题基本都是"成绩不重要，我们看重未来……"不过，国家队也有没抓住机会的新星，比如19岁的曼奇尼。这位桑普多利亚小将在意大利队去北美的热身赛中第一次穿上了国家队战袍，进了加拿大队两球。可惜在纽约曼哈顿的一个夜晚，曼奇尼过于"淘气"，被一向严肃的贝阿尔佐特彻底放弃。

意大利队各位置都遭遇了人才危机。门将一职，佐夫退役后，接班人不好找。国际米兰的波顿、米兰的加利、维罗纳的坦克雷迪、甚至国际米兰的年轻门将曾加都被试验过，但没人能像佐夫那样，能给球队带来保障和信心。

前锋位置上，罗西状态也不稳定。来自维罗纳的年轻射手加尔德里西也在1985年夏天的北美邀请赛中被尝试。到了墨西哥世界杯上，加尔德里西真的取代了罗西的主力位置，可惜并没有交出优秀的答卷。有意思的是，世界杯之前，AC米兰新老板贝卢斯科尼决定将罗西卖掉。他以罗西作为添头加钱，从维罗纳换来了加尔德里西，但加尔德里西在AC米兰表现同样一般。

中场方面，随着塔尔代利状态下滑和安东尼奥尼伤病连连，贝阿尔佐特突然发现自己没有技术细腻的中场，只能靠维罗纳中场核心迪真纳罗这种大局观不错的球员。他只得再去联赛中寻觅。当普拉蒂尼、大劳德鲁普们表现出色之时，贝帅发现意大利本土中场球员并不出众，尤其是脚下技术出色的中场实在不多。

贝阿尔佐特感慨道："现在我们的球队，必须完全控制比赛局面，多创造机会，压制住对手，才有机会取胜。因为我们似乎没有找到那种能凭借一己之力突然间制造奇迹的球员，我们需要整个球队运转起来。"当时意甲联赛非常热闹，80年代初重开外援大门后，意甲被普拉蒂尼、马拉多纳等顶尖外援带得红火，但这却在一定程度上限制了本土进攻球员的发展。

1986年世界杯之年开启，意大利队依然没有解决中场缺少创造力、前锋缺少杀伤力的问题。连续三场热身赛失败后，意大利队才2比1击败奥地利队。桑普多利亚新人维亚利表现抢眼。

为了备战世界杯，意大利队选择了阿布鲁佐大区的高山区域进行训练，因为此前意大利队曾到墨西哥感受了一下高原，1970年世界杯上一些球员的高原反应之大依然让人记忆犹新。最后出发去墨西哥之前，意大利队还与中国队进行了一场热身赛。在那不勒斯，意大利队以2比0取胜。为何选择中国队？因为在1986年世界杯小组赛中，意大利队将遭遇韩国队。1966年被朝鲜队淘汰的尴尬犹记心中，所以这次意大利队不能大意，找来看似风格差不多的中国队热身。

## 1986年世界杯，小组赛磕磕绊绊

长时间的飞行之后，意大利队抵达墨西哥。由于旅途疲劳，意大利队上了大巴就直接奔赴酒店休息。

由于是卫冕冠军，墨西哥方面在机场安排了新闻发布会，想让冠军称赞一下主办方的工作，说说预祝比赛顺利之类的客气话。不过，意大利人没当回事，以为只是一般的新闻发布会，就没有参加。随后墨西哥当地记者在报纸上发表文章抗议："看啊，世界冠军像老鼠一样逃跑了。"墨西哥人说什么，贝阿尔佐特无所谓。关键是同样在机场等着新闻发布会的意大利媒体也感觉很没面子，开始有一搭无一搭地发表文章批评说是贝阿尔佐特决定不参加新闻发布会的。此时，延续了两年的停战协议开始松动了。

5月16日，贝阿尔佐特愤怒表示，"你们谁写的是我拒绝参加新闻发布会，给我把他带过来，我要撕了他。"不利的事情接踵而至。经过几天训练，贝阿尔佐特发现，主力前锋罗西和中场安切洛蒂的情况都很不好，非常不适应高原气候，只能决定由加尔德里西和德纳波利取代前两位原定的主力。

意大利队首战对垒保加利亚队，赛场正是1970年德意世纪大战的发生地——墨西哥城的阿兹特克球场。这场比赛并不精彩，对手较弱，意大利队控制了局面，但中前场创造性实在一般，上半场几乎没什么机会，只是第43分钟由阿尔托贝利首开纪录。值得注意的是，阿尔托贝利也是上届世界杯为意大利队打入最后一球的前锋。

下半场，保加利亚队顶不住了。意大利队的机会开始增多，但运气完全不在意大利队这边。门线救球、横梁救球，四五个必进球良机都没有把握住。第85分钟，保加利亚队的西拉科夫头球攻门，准备不及的门将加利几乎没有反应，看着足球飞入大门。两天后，阿根廷队3比1击败韩国队。

意大利队第二场遇到的是老对手阿根廷队，意大利队已经老了，而马拉多纳比四年前更成熟了。面对强大的阿根廷队，意大利队运气不错。开场6分钟，阿根廷人自己就在禁区内手球，送上点球。点球由阿尔托贝利打入。对于马拉多纳，贝阿尔佐特特别安排那不勒斯队友巴尼在中场贴身防守，这个决定后来也被媒体大加诟病。马拉多纳在第36分钟凭借个人能力，在禁区左侧完美过掉西雷阿后射远角，门将加利出击明显犹豫，球进，比分变为1比1。

随着阿根廷队加强进攻，意大利队开始退守。他们中场技术型球员太少，很难控制住足球，只得打防守反击。孔蒂的边路突破倒是不错，下半场还有一次击中立柱。维亚利换下孔蒂后，意大利队擅长的速度也消失了，双方陷入混战，比分没有改变。前两场都是平局，难道意大利队又要像四年前一样不胜出线？

韩国队前两战1平1负，如果末战击败意大利队，就很可能小组出线。与韩国队赛后，意大利媒体的报道中曾写道："他们为什么跑起来一点也不受高原气候影响呢？"此战车范根表现非常抢眼，让意大利队后防有些狼狈。但意大利队好歹也是世界冠军，面对并不算稳固的韩国队防线，还是制造了不少机会。尤其是本届世界杯已经打入两球的阿尔托贝利，接到迪真纳罗的传球，胸部停球，左脚假动作晃倒后卫和门将后，右脚捅射，1比0。第36分钟，阿尔托贝利又制造了一个点球，可惜这次点球射到了立柱上。

意大利人开始有些担心和急躁了。第62分钟，崔淳镐远射攻破了倒霉的加利把守的大门。好在阿尔托贝利没有受到点球影响，第73分钟，他又是接到迪真纳罗的任意球助攻，梅开二度，2比1。

其实，这场比赛阿尔托贝利差点上演帽子戏法。除了上半场射丢的点球，第82分钟，又是他制造了对手的一个乌龙球。韩国后卫赵广来为了避免阿尔托贝利射门，一个滑铲解围却成了进球，比分变为3比1。但仅仅1分钟后，后来的韩国国家队主帅许丁茂就用一脚侧身倒勾将比分改写为2比3。3场比赛4个丢球，贝阿尔佐特的防线确实让人担忧。最重要的是，这里已经没有门神佐夫。

## 被普拉蒂尼淘汰

阿根廷队同时以大比分战胜保加利亚队，2胜1平力压意大利队成为小组第一，抽到了不算太强的乌拉圭队，而意大利队必须要面对普拉蒂尼的法国队，这是世界冠军与欧洲冠军的对决。

贝阿尔佐特这时在排兵布阵上似乎犯了一个错误，至少结果证明是错误的。为了盯防普拉蒂尼，贝阿尔佐特决定用佩佩·巴雷西（AC米兰队长巴雷西的哥哥）取代迪真纳罗。这算是放弃进攻组织、加强中场防守的措施。

然而，正是大巴雷西导演了意大利队的失败。意法之战第15分钟，大巴雷西中场拿球不稳，被费尔南德斯断球，费尔南德斯把球传给罗歇托，罗歇托巧妙一磕，跟上的普拉蒂尼轻松破门，这时大巴雷西已经失去了普拉蒂尼的身影。贝阿尔佐特在半场休息时就让大巴雷西洗澡了，迪真纳罗重新上场，但这样一场1/8决赛，留给意大利人的时间不多了。

意大利队明显不在状态，跟不上法国人的节奏，被欧洲冠军完全压制。第57分钟，法国队三脚连续传递后，由斯托皮亚在后门柱打近角攻破了加利把守的大门，比分变为2比0，意大利队大势已去。法国队针对意大利队盯人较狠的特点，采用了快速传递、不多带球的策略，不给意大利人纠缠的机会。意大利队的"混凝土防守"就像被一条条细流穿插得千疮百孔。

当替补、教练组、队医在场边焦急得走来走去时，贝阿尔佐特依然沉稳地坐在那里，抽着自己标志性的烟斗，目光深邃而又有些涣散。世界冠军的卫冕之旅就此结束，贝阿尔佐特心中充满遗憾与无奈，但隐隐地更有一种赢过一切的自豪和满足。就这样结束吧！虽然世界杯出征前，足协与贝阿尔佐特又续约四年，但烟斗教练决定离开这个位置。贝阿尔佐特时代宣告结束。

对于主动下课的老帅，意大利媒体没有过多苛责。毕竟1982年是烟斗教练将世界杯带回意大利，球迷们也没有太多责难，甚至在回程的机场，还有不少球迷来迎接球队。

只是，随后有些报道又提到了1982年世界杯上备受争议的奖金问题，甚至有消息说，当时在总统佩尔蒂尼带国家队回家的专机上，球员们一共拿到了4亿里拉的奖金，那是由国家队一家赞助商给许诺和兑现的。问题是这笔钱似乎没有报税。最后这个事情上了法庭，也不了了之。这算是1986世界杯失败后的不太愉快的插曲。

总的来说，这是意大利球队、足协、媒体、球迷之间最为和谐的一次世界杯，有了1982年的成功以及对1990年本土世界杯的展望，1986年的磕绊似乎就不是那么重要了。而且，20世纪80年代，意大利球队独步欧洲足坛，正在开启一个时代。大家庆祝得够多了，输一次不是世界末日。不过，人们也明白，四年后的本土世界杯，没赢得冠军就是世界末日。

# 十四、本土冠军从指缝间溜走

"生是国家队的人，死是国家队的鬼。"贝阿尔佐特的一番话让人颇为感动。"我不会再担任国家队主帅职务，就算选择球员的工作也不会做了。我承认自己的失败，但我是骄傲和光荣的。我也不会去俱乐部工作，因为我和足协还有四年合同。我愿意在这里工作，因为我生在足协，长在足协。我不想离开足协去其他地方工作。"

作为1982年世界杯冠军主帅，贝阿尔佐特在1986年世界杯失利后承担了责任，辞去主教练一职。但就像他说的，他并没有离开足协。对于这位老人来说，国家队和足协就是他的足球生命。最后，贝阿尔佐特担任的是"各级国家队总协管"职务，并没有太大实权，也没有很多工作。更多的时候，贝帅的身份是意大利足球形象大使。贝帅明白，如果要让意大利国家队彻底更新换代，自己必须淡出人们的视线，否则后来人不好做工作。

## 维奇尼上任

1986年8月，继任者终于选定，他就是阿泽利奥·维奇尼。足协选帅一向是从内部挖人，但由于贝阿尔佐特之前的助理教练老马尔蒂尼还没有太多经验，所以足协让马尔蒂尼去了国青队，而将在国青队主帅位置上锻炼了10年的维奇尼上调国家队。这位本可能在本土世界杯上举起金杯的教头，最终却成了意大利队的罪人。本土世界杯只拿到第三名就是失败。维奇尼的用人饱受诟病，被媒体骂，被球迷骂，也被队员骂，很快就离开了。

其实1986—1990年的四年间，意大利队还是被人看好的。不仅因为他们是东道主，而且1986年世界杯失败之后他们的换血工作也做得很好。意甲联赛中有一大批球星冒头。AC米兰、国际米兰、尤文图斯、桑普多利亚、那不勒斯等队在意甲和欧洲赛场交相辉映。就算有马拉多纳、古力特、巴斯滕们这样的成功外援，也绝不能忽视本土球员的快速成长。

1988年欧洲杯是荷兰人的天下。面貌一新的意大利队获得了第四名，不算成功，也不算失败。人们的目光都集中在两年后的世界杯上，欧洲杯已经无所谓了。欧洲杯后，维奇尼的意大利队阵容日趋稳定。由于东道主直接进军世界杯，没有预选赛可打，所以意大利队到处打友谊赛，最终的成绩是6胜1平1负，进16球丢4球。意大利队的阵容愈发稳固，而且队中都是当时联赛中的当打球星。信心满满地冲向世界杯。

还有一个数据是，1989年10月4日友谊赛输给巴西队后，意大利队再也没有丢过球，直到世界杯半决赛被阿根廷队前锋卡尼吉亚在第68分钟头球破门。其间意大利队经历了5场热身赛和5场世界杯正式比赛。意大利队门将曾加创造了517分钟不丢球的世界杯纪录。佐夫之后，意大利队终于找到了新门神，伟大的自由人西雷阿也有了接班人——巴雷西。

西雷阿是世界足球史上最伟大的自由人之一，退役后在尤文图斯做助理教练。1989年9月3日，为了打探尤文图斯联盟杯对手萨比利斯队（Gornik Zabrze）的情况，西雷阿去了波兰。在从华沙回来的路上，西雷阿乘坐的小轿车被一辆大货车撞翻，车里备用的四桶汽油被点燃了。轿车中的四人，只有当地的一名陪同在翻车时爬了出来，而西雷阿送医不治，撒手人寰。西雷阿不仅技术高超，而且人品极佳，是意大利国家队历史上"最好"的球员，早早去世殊为可惜。加上1984年前足协主席弗兰基因车祸去世，以及1982年夺冠功臣中的两位重要人物也都因车祸离开了人间，让人颇为唏嘘。

## 意大利人热情筹备世界杯

再来说说意大利举办世界杯一些细节。意大利为充分展现自己在艺术上的创造力，几乎投入了举国之力。1986年2月，1990年世界杯的工程破土动工。开着挖掘机象征性挖出第一抔土的，正是法拉利总经理蒙特泽莫罗。这位今日的F1大佬当时出任了世界杯组委会主席。组委会建设了国际广播中心，以利于电视台转播。全部12座比赛城市都动工兴建了媒体中心，看台上也专门开辟出媒体区域，高科技手段全部应用在媒体传播上。

这届世界杯可以说是世界体育记者的盛会，7000多名记者和摄影师汇聚至此。当然更有超过20万球迷来到意大利，看球、旅游、度假，意大利之夏是所有人的节日。盛大的开幕式上，罗马教皇也亲临现场助兴，或许他也知道，最虔诚的教徒在这个夏天也会有另一个信仰——足球。

很多城市的球场因为不符合要求，进行了扩建或重建，比如米兰的圣西罗球场就增加了一层看台。这也是日后圣西罗草坪常年晒不到太阳、质量很差的一个原因。巴里的圣尼古拉球场以及都灵的阿尔卑球场，也都是在那段时间推倒重建的。球场施工过程中，一共有24名工人在事故中死亡，受伤者多达678人。此外还有预算超支情况。意大利世界杯后，组委会被调查了许久，最后不了了之。

　　这届世界杯还给世界足坛留下了很多宝贵财富，比如主题曲《意大利之夏》、CIAO形象的吉祥物等。特别是这个吉祥物，充满了意大利人创造的灵感。吉祥物是由绿白红三色（意大利的国旗颜色）构成的一个球员形念的立方体。分解吉祥物之后再组装，就可以看出"Italia"的意大利国名。

　　至于名字"CIAO"，是意大利民众通过国家博彩网站投票在一周内选出来的，是意大利人热情友好、好客的最好体现。"CIAO"翻译过来就是"嗨"的意思。意大利希望充分搭建好一个世界足球的大平台。至于主角，他们当然希望是自己了。他们也只有赢得世界杯，才对得起6000万球迷的热情。1986年世界杯淘汰意大利队的法国队和最近几次世界杯屡遇意大利队的波兰队都没有进入决赛圈。这也对意大利队有利。

## 斯基拉奇是最大惊喜

　　从罗马山区的集训地返回后，意大利队又打了两场热身赛，分别0比0战平希腊队和3比0击败加纳队。最终维奇尼决定了阵容——安切洛蒂入主中场支持多纳多尼、德纳波利和贾尼尼。新星巴乔因技战术原因暂时被弃用。锋线上还是桑普多利亚射手维亚利和那不勒斯的马拉多纳搭档卡尔内瓦莱。

　　对阵奥地利队，意大利队以一种难得的华丽进攻开场，但维亚利那双昂贵的腿很快受到打击。主裁判对客队（奥地利队）的"纵容"让主场球迷嘘声雷动，甚至随后多纳多尼禁区内被绊倒也没有吹点球。安切洛蒂受伤下场，尤文图斯中场达戈斯蒂尼入替。但更关键的变动是锋线——卡尔内瓦莱接连错过机会，终于被毫无名气的斯基拉奇换下场。

刚在尤文图斯打了一年意甲联赛的斯基拉奇，只用3分钟就成为了意大利队的救世主。主力前锋维亚利下底传中，斯基拉奇门前头球攻破奥地利队大门。斯基拉奇的神话开始了，难道这是又一个"金童罗西"？

和罗西年少成名不同，斯基拉奇完全是个国外球探都很陌生的名字。斯基拉奇出生在巴勒莫，一直在低级别联赛中踢球，成为墨西拿队主力前锋后也是半红不红。但是1987—1988赛季，斯基拉奇似乎一下子开窍了。在两年里打进36球后，他终于吸引了球探的目光。1989年夏天，斯基拉奇被尤文图斯主席博尼佩尔蒂看中，以60亿里拉签入。

斯基拉奇在尤文图斯的第一个赛季就表现出色，联赛中打入15球，接连捧起意大利杯和联盟杯。当然他得到的除了奖杯，还有国家队的召唤。1990年3月，斯基拉奇踢了第一场国家队比赛，这时他已经26岁了。

直到对奥地利队进球时，斯基拉奇在国家队的位置仍然是替补。"其实我最初觉得自己能打上几分钟就差不多了，能入选国家队已经让我开心不已。说实话，每个球员一辈子都会遇到一段很顺的时期，呼吸着都能进球，而我最幸运的是这段时期赶上了世界杯，就像上帝在说'好吧，这届世界杯斯基拉奇当英雄吧'。"斯基拉奇后来说。

虽然只是小组赛第一场，但在斯基拉奇的巴勒莫老家，庆祝规模已经像夺得世界杯一样。"我父亲给我打了电话，父母的房子外聚满了兴奋的球迷，有一个贴着我海报的酒吧也挤满了人。后来我看了电视，实在不敢相信那一切。"他后来说。

次战对美国队，斯基拉奇依然是替补，但此后他成为绝对主力，除了第三场小组赛对捷克队和斯洛伐克队没有进球外，他在每场淘汰赛以及最后的三四名决战中都有进球。他最终以6球的成绩成为本届赛事的金靴奖和金球奖（最佳球员）得主，入选1990年世界杯全明星队。丑小鸭直接变成了白天鹅。

世界杯后，斯基拉奇带着金靴奖杯和金球奖杯回到巴勒莫老家的街区，与亲朋好友欢庆。"我是这里的孩子。"说完这一句简单而又真诚的开场语，斯基拉奇再也忍不住泪水。朋友们都理解他，一步登天让斯基拉奇终于感受到了努力的回报。

巴勒莫很少走出意大利国脚，更别提能在世界杯上收获众多荣誉的绝对巨星。后来，斯基拉奇回到故乡，重建了小时候踢球的足球学校。日后他每次遇到那些1990年世界杯时还没出生的足球孩童，发现孩子们都能认出自己的偶像，因为斯基拉奇就是这里的英雄。

斯基拉奇仅仅代表国家队打了16场比赛，1990年世界杯似乎就是他的全部故事。意大利人后来戏称，斯基拉奇的职业生涯只有一个月，就是意大利之夏。"每次接受采访，（媒体）都会问我1990年世界杯的事情，至少有上千次了，不过我不厌烦，问吧……"这是斯基拉奇遇到记者后的开头语，他并不厌烦，而是享受，"这一个月已经够了"。

## 巴乔崭露头角

回过头来说意大利队的比赛。小组赛第二轮，意大利队遇到被捷克队5比1横扫的美国队。美国是1994年世界杯主办国。在两届世界杯主办国国家队之间的交锋中，美国人不想太丢面子。有意思的是，美国队的主力门将梅奥拉（Tony Meola）的父亲是个意大利人，他父亲出现在看台上时，穿的是蓝色上衣，虽然不是意大利国家队球衣，但足以表明父亲的心。可以想象这场比赛梅奥拉的纠结。

第11分钟，贾尼尼与队友撞墙配合后突入禁区，左脚破门。随后10号贝尔蒂突破赢得点球。但维亚利却将球打在立柱上弹出。另一位前锋卡尔内瓦莱射门时只知道瞄准广告牌，下半场又一次被斯基拉奇换下。斯基拉奇也彻底拿下了主力位置，可惜这场比赛没有进球。终场前，美国队有机会扳平。只是维尔梅斯的任意球攻门和门前1米的补射，都被曾加神奇扑出。

　　小组赛第三轮意大利队对捷克队和斯洛伐克队，两队此前都是两战全胜。意大利队为小组第一而战，但踢得非常轻松。斯基拉奇在第9分钟破门，巴乔在第78分钟再下一城，意大利队2比0轻取对手，三战全胜。这让已经兴奋无比的主场球迷再次沸腾。在意大利人眼中，冠军非他们莫属。当时让意大利人开心的，还有罗伯特·巴乔（Roberto Baggio）的抢眼表现。他在对战捷克队和斯洛伐克队时上演了过五关斩六将的精彩破门。

　　巴乔在世界杯前得到消息，他以1300万美元从佛罗伦萨转会到尤文图斯，成为当时最昂贵的球星。这次转会有违他的本意。巴乔后来代表尤文图斯挑战佛罗伦萨时，曾捡起佛罗伦萨球迷抛下的紫色围巾。他对佛罗伦萨球迷的感情由此可见一斑。

　　巴乔可以说是意大利队历史上最出色的"9号半"，介于前锋与中场之间，用自己细腻的脚法，天马行空的意识，再加上精准的射术撕破对手的防线。可以说他是1990年代意大利最伟大的球星。但同时，1994年世界杯决赛上他令人心痛的射失点球和沧桑的背影也深深印在了人们心中。1990年世界杯时，巴乔仅仅23岁，是在世界足坛崭露头角的潜力股。接下来的比赛，对巴乔的使用与弃用，成了主教练维奇尼世界杯道路上的重要拐点。

　　1/8决赛中，意大利队遭遇乌拉圭队，斯基拉奇继续与巴乔搭档锋线。这时巴乔已将维亚利挤到替补席上。第9分钟，斯基拉奇被后卫身后犯规铲球，但依然像一辆推土机一样向前奔跑。本届世界杯开始的有利进攻原则，让斯基拉奇帮助意大利队1比0领先。

第78分钟，意大利队替补前锋塞雷纳又顶入一球，比分变为2比0。塞雷纳在意大利足球历史上非常有名，因为从1980年代初开始，他就在AC米兰、国际米兰、尤文图斯、都灵这四支球队，两座城市之间闯荡。1990年世界杯时，他是国际米兰的主力前锋。这一场，桑普多利亚足球俱乐部锋线双杰曼奇尼与维亚利连替补上场的份都没有，这也是更衣室内部矛盾的重要写照。

## 爱尔兰人的愉快假期

2比0击败乌拉圭队后，意大利队闯入1/4决赛，而且可以留在罗马城作赛。其对手是第一次参加世界杯决赛圈就打入8强的爱尔兰队。其实爱尔兰球迷预期的假期并不长，大家没有想过爱尔兰队能走这么远。结果小组赛之后爱尔兰队取消了预定航班，住进了苏格兰队退订的酒店。

面对意大利队，向来喜欢挑战、没有任何包袱的爱尔兰队彻底放开了，与压力颇大的意大利队进行了全方位对抗。爱尔兰队的英格兰主帅杰克·查尔顿的战术很简单：10个前锋、10个中场、10个后卫，加一个门将。爱尔兰人的跑动能力让整个世界杯上的球员和球迷感到惊讶。刚开场爱尔兰队就应该获得一个点球，但裁判没吹。查尔顿和助手们在场边疯狂飙着脏话，却也无可奈何，因为看台上球迷的欢呼声彻底遮住了爱尔兰人的声音。

第38分钟，巴乔行云流水般的中场突破为前场核心多纳多尼提供了射门良机，虽然邦纳扑出，但斯基拉奇补射成功，比分变为1比0。此后，爱尔兰人疯狂反攻，就像看台上的爱尔兰球迷一样，他们要向全世界证明自己不服输。意大利队也希望尽快结束战斗。斯基拉奇的任意球打到横梁上弹到场内，罗马奥林匹克球场的叹息声响彻天空。

终场前1分钟，斯基拉奇单刀破门，可惜被判越位在先。教练席上的主教练维奇尼和场边的球童如出一辙的摆手抗议，让人感叹。这时，全意大利已经是一个整体了，所有人都在期待世界杯的胜利。终场哨响起，意大利队杀入半决赛，而爱尔兰队赢得了全世界球迷的尊重。看台上刚刚还在对立的两国球迷热情拥抱，这才是真正的足球节日。爱尔兰球迷也可以赶紧回家了，向老板请的假早已过期。当然，也许老板们也在看台的某一个位置上忘情欢呼。

## 第一个丢球=世界杯失败

意大利队半决赛的对手是强大的阿根廷队，更要命的是，半决赛场地是那不勒斯。这是组委会提前安排好的，并不是有意偏向马拉多纳的阿根廷队，也不是为了成全马拉多纳效力的那不勒斯队的球迷。

几乎小半场球迷都在支持马拉多纳，这让其他地方的意大利人非常不满，这到底是谁的主场？当然那不勒斯球迷也分为两派——爱国主义和地方主义，这两派的对抗差点演变为场外的全武行。

马拉多纳抵达那不勒斯后赶紧劝和，"希望大家都支持自己的祖国"。可对民族感本身就不是很强烈的意大利人，尤其是南方的那不勒斯人来说，谁才是自己的"祖国英雄"呢？全世界有超过8亿观众通过电视收看了这场世人瞩目的半决赛。从7月3日晚8点开始，意大利的每个城市几乎都成为空城，整个意大利停止了运转，除了那不勒斯的圣保罗球场。

面对阿根廷队，意大利主帅维奇尼出人意料地将一直表现出色的巴乔放在替补席上，让维亚利回到首发位置。借助主场之势，意大利队的攻势完全压制住了对手。阿根廷人几乎没有威胁，在贝尔戈米等人的盯防下，马拉多纳也暂时没有形成威胁。第17分钟，意大利队四五名球员都扑到阿根廷队禁区里，维亚利的射门被阿根廷队门将戈耶切亚挡出，又是神出鬼没的斯基拉奇将足球挡入大门，比分变为1比0。一瞬间，亚平宁半岛欢声雷动，说是举国欢庆一点也不夸张。此后，阿根廷队后卫们对鹰隼般的斯基拉奇严密盯防，以各种犯规动作遏制了世界杯最佳射手的发挥，并以此试探裁判的尺度。

那不勒斯的夜空中挂着一轮斜月。双方的比赛愈发激烈，身体对抗一度成了比赛主题。第67分钟，意大利人担心的一幕终于发生了。一次没有什么威胁的45度左侧长传，世界杯门神曾加贸然出击扑空，卡尼吉亚头球破门，比分变为1比1。又是一瞬间，亚平宁沉默了，接着是各种抱怨、无奈的声音。这可是意大利队在本届世界杯上的第一个失球。

## 点球大战的噩梦开始了

为了赢得比赛，主教练维奇尼接连用塞雷纳和巴乔换下维亚利与贾尼尼，加强攻势。巴乔每一次控球都能得到主场球迷有节奏的掌声，可以想象维奇尼在巴乔的弃用上犯了众怒。但是时间有点晚了，阿根廷队门将戈耶切亚挡住了意大利队一次又一次的射门。最后两队1比1打平，加时赛开始。戈耶切亚又一次飞身扑出巴乔角度很刁的任意球。第103分钟，巴乔痛苦地捂着脸倒在地上，主裁判征询了边裁的意见后，向动粗的阿根廷队中场朱斯蒂出示了第二张黄牌，罚出场外。但是比赛已经到了最后时刻，11打10没有太多优势，一切将交给点球大战来决定。

气氛紧张得让人窒息，被追平的意大利队明显更加焦躁。1/4决赛中，阿根廷队门将戈耶切亚曾经扑出南斯拉夫队两个点球，他似乎比曾加更有信心。意大利队前三位点球手巴雷西、巴乔和达戈斯蒂尼都射中，每一次成功，场边僵硬着脸庞的维奇尼总能挤出一丝笑容。但是当多纳多尼射向右路的半高球被戈耶切亚扑出后，维奇尼再也笑不出来了，手重重地拍到了脑门上。圣保罗的球迷和意大利的球迷在那一刹那想到了他们从来不愿意想到的结果。世界杯正在说"CIAO"，当然这次的"CIAO"是再见之意。多纳多尼成了点球罪人。2008年欧洲杯上，当多纳多尼执教的意大利队在1/4决赛中被西班牙队点球淘汰后，他肯定会回想起那个1990年的夏天。

阿根廷队第四个点球手马拉多纳在对南斯拉夫队的比赛中射丢过点球，因此全意大利人都在期盼马拉多纳犯错。但是马拉多纳轻巧地骗过了曾加。他的射门就像一把利剑一样插入意大利人心中。意大利队最后一个走上点球点的是前锋塞雷纳。

维奇尼在场边用手帕擦着汗水，这是冷汗。塞雷纳大力左脚射向大门右下角，但戈耶切亚就像对待多纳多尼的点球一样，飞身扑住，皮球被按在身下。意大利人的世界杯之梦破碎了。整个亚平宁沉默了，再也没有多余的声音，只有阿根廷人的欢庆像针一样刺痛着本土的球迷们。维奇尼必须面对人们的质疑，不仅是巴乔打替补，还有点球5人中竟然没有斯基拉奇的名字。虽然也有一种说法是斯基拉奇自己不愿意主罚，但罪人还是维奇尼。

三四名决赛，意大利队不能再输掉这场面子之战。他们的对手是同样在120分钟比赛中与对手战成1比1、同样在点球大战中以同样模式（后两罚全不中）输给德国队的英格兰队。有意思的是，意大利队和英格兰队在本届世界杯上还没有真正输过球（120分钟内），却只能争夺一个鸡肋的季军。

　　巴乔第72分钟的破门让痛苦的意大利人稍微好受些。维奇尼更要后悔，这样一个天才却没有在对阿根廷队的生死决战中首发。第82分钟英格兰人普拉特将比分追成1比1。又是这个该诅咒的比分，意大利人恐惧了。如果比赛进入加时赛，这将影响帕瓦罗蒂罗马音乐会的收视率。好在这时斯基拉奇又一次挺身而出，突破制造了点球。又是该死的点球。这一次，由在对阿根廷队比赛中没有机会站到点球点上的斯基拉奇亲自主罚命中，也回击了"不敢射点球"的谣传。2比1，意大利队拿下了本土世界杯的季军。

## 失败之后的吵吵闹闹

　　赛后意大利队获得铜牌，英格兰队得到公平竞赛奖。两队在场地中央举着烟花，带着奖牌玩起了小人浪，最后双方亲密拥抱。这一幕总算抹去了5年前欧冠决赛利物浦VS尤文图斯的海瑟尔惨案的阴影。足球真正地赢得了胜利，但意大利队终归是输掉了世界杯，甚至连决赛机会都没有。本土世界杯在意大利人心中是永远的痛。

　　维奇尼必须面对众人的声讨。最凶狠的声音来自曼奇尼。曼奇尼如今以教练身份活跃在足坛，执教过国际米兰、曼城、加拉塔萨雷等俱乐部。他16岁就踢上意甲，18岁成为神奇桑普多利亚的基石。他本有机会打上四届世界杯，却最终连一秒钟都没有出场。

曼奇尼是意大利传奇前锋中最有才华、最有性格的一位。1982年世界杯前就入选了贝阿尔佐特的40人大名单，最终贝帅选择了老好人塞尔瓦吉。1986年世界杯前，少不更事的曼奇尼在随队去北美热身时过于"开放"，违反了队规，被贝阿尔佐特开除出国家队。后来曼奇尼解释说："纽约实在是太美了，尤其是对我这种不满20岁的小伙子。那一晚我和队友们出去，我也没做什么坏事，就是回来晚了点。贝阿尔佐特在门口等着我，把我臭骂了一顿。我的错误就是没有道歉，当时没有。回意大利也没有，这个是我的错……"

1994年，曼奇尼拒绝了主帅萨基打替补的要求，也放弃了世界杯。因为在1990年世界杯上，曼奇尼尝尽了替补的苦涩。"哪怕在三四名决战中让我打10分钟也行啊，可他就是没给过我机会，当然这不是他犯下的唯一错误。"时至今日曼奇尼依然对维奇尼充满怨恨，"我知道自己打不了主力，但就在世界杯开始前，他对我说，'相信我，世界杯的惊喜将是罗伯托·曼奇尼……'可70多天的国家队集训加比赛，我是一个纯粹的看客，维奇尼倒是给我解释解释啊，可他连这个勇气都没有。也许我和维亚利以及维尔乔沃德一样，错在没有给一个更有影响力的俱乐部效力吧。他是一个软蛋，而且是个瞎子。"1994年的萨基事件后，曼奇尼下定决心，"早晚有一天我要举起我自己的世界杯，做球员是不可能了，我要做一个冠军教练。"

　　曼奇尼的抱怨只是一个缩影。那届国家队里面依然有不少俱乐部之间的利益冲突，但这些矛盾在大环境下没有爆发。最终承担罪责的只是维奇尼一个人。虽然他没有立即下课，但在1992年欧洲杯意大利队的预选赛成绩一塌糊涂之际，在还有两场预选赛但出线无望的情况下，维奇尼被解雇了，意大利国家队将进入萨基王朝。这也是意大利足协在国家队选帅上的一个重要变革，新帅再也不是足协内部的"自己人"，而是从AC米兰这样的成功俱乐部上调。萨基的确开创了一个时代，但和1990年一样，点球依然是不可消除的梦魇。

# 十五、 踢飞的冠军和落寞的背影

1990年的世界杯是点球的天下。两场半决赛，都是120分钟以1比1战平，都是点球大战4比3；再加上决赛德国队击败阿根廷队的点球制胜，再算上斯基拉奇在铜牌之争中用点球为意大利队锁定的胜局，足球这项运动愈发与点球的残酷结合在一起。

四年之后，当世界杯第一次来到美国，世界杯历史上第一次凭点球大战决定了最终冠军的归属。这也是仅有的两次之一，另一次就是日后的2006年世界杯。有意思的是，两次都有意大利队，只不过2006年是"意甲天下"，法国队死在点球上。1994年则是巴西时隔24年再次站在世界之巅。

对意大利队来说，1990年世界杯的天才巴乔已经成长为绝对核心，但正是他射丢了最后一个点球。射丢点球的还有巴雷西和马萨罗。巴雷西与巴乔是1990年与阿根廷队打点球大战时前两位出场的球员。他们四年前的点球成功救不了意大利队，四年后的点球失误更是将奖杯踢飞。

## 维奇尼摔倒再也起不来了

让我们先将目光转回四年前，意大利队在本土世界杯上取得第三名。主帅维奇尼成了媒体和球迷攻击的焦点，但维奇尼并没有立即下课。一方面是因为，当时足协与维奇尼签了四年合同，且一支球队刚刚成型，虽然有矛盾和问题，但似乎也可以继续下去；另一方面是财政原因，维奇尼是足协自己的员工。这样的主帅年薪不高。如果请俱乐部教练，并不划算，而且暂时也没有合适的人选。足协唯一看中的是即将离任国际米兰主帅的特拉帕托尼，但他已被尤文图斯老板阿涅利提前预订。

面对铺天盖地的批评，维奇尼也很委屈，开始乱开炮，抱怨1990年世界杯上的裁判问题以及半决赛对阿根廷队时那不勒斯球迷的倾向问题。马塔雷塞赶紧制止，"他完全踩在了争议的香蕉皮上，很容易滑倒起不来的"。

一语中的。1990年8月，维奇尼从自家的阳台上失足摔倒。要不是楼下有个餐馆支着篷布，可怜的世界季军主帅就要送命了。他摔断了脚踝。他出院没多久，1992年欧洲杯预选赛就开始了。意大利队与苏联队、挪威队、匈牙利队和塞浦路斯队分在一组。由于只有头名小组能出线，意大利队的形势并不乐观。

这时，维奇尼有了一个候选继任者——AC米兰主帅萨基。1991年5月，桑普多利亚队赢得意甲联赛冠军，也标志着AC米兰萨基时代的结束。由于萨基脾气大，训练过于严厉，教训世界冠军们就像教训小孩一样不留情面，导致米兰内部彻底破裂。巴斯滕代表球员直接找到老板贝卢斯科尼说，"主席，要么他走，要么我们都走"。当然，起义的主角是"荷兰帮"，意大利本土帮还是比较听话的，不然萨基日后的世界杯也不可能尽信"米兰派"。

贝卢斯科尼也明白，萨基是离开米兰的时候了。但出于面子和经济上的考虑，直接解雇并不合适，于是贝卢斯科尼就给他找了个下家——意大利队。与足协主席马塔雷塞关系密切的贝卢斯科尼郑重地将萨基推荐给足协，也将国家队推荐给萨基。美其名曰"为国家牺牲"，实际上是国家队为米兰松绑。

当时维奇尼还没有下课。意大利队对阵匈牙利队之前，外界盛传，"维奇尼的意大利队如果在预选赛上成绩不错，他可以待到欧洲杯前甚至欧洲杯结束，届时萨基将接手准备1994年世界杯的工作，在此前萨基会先在足协熟悉环境"。维奇尼并不甘心，对战匈牙利队之前在更衣室里动员球员，"小伙子们，为我踢球吧……"意大利队以3比1赢了，这暂时推迟了萨基的接班。

1991年6月5日意大利队客场打挪威队，多纳多尼、贾尼尼和巴乔等人都因伤缺阵，意大利队最终1比2告负，出线基本无望。马塔雷塞赛后在新闻发布会上哽咽，"我的心在哭泣，我们怎能如此跌倒？"随后他正式表态，"我本打算在1990年世界杯后就做出这个决定，但我还是希望给维奇尼一个机会，但现在我们已经没有时间可浪费了。国家队几乎已经被淘汰，现在我们将把国家队交给一名在俱乐部赢得过国内和世界所有荣誉的教练。"

当匈牙利队逼平苏联队时，维奇尼似乎又看到了希望。现在意大利队唯有客场击败苏联队，才能活命，结果却是0比0。"我们到时候了。"马塔雷塞宣布了维奇尼下课。1991年10月15日，萨基正式接任国家队主帅一职。而维奇尼直到最后一刻也拒绝辞职。因为历史上意大利国家队不止一次错过欧洲杯，也没有哪任主帅因此下课。其实维奇尼的命运早在1990年世界杯的半决赛后就已决定，只是早晚的区别。

## 萨基的革命

萨基是意大利足球史上一个非常另类的角色，是一个绝非传统派系的教练，完全就是自学成才。他的父亲也当过球员，但不是很成功，只在低级联赛打拼。萨基从小喜欢足球，踢的是后卫，但也仅仅是20岁前踢过一些业余球队。踢球没有出路，萨基就来到父亲开设的袜子企业任职。不过闲暇时候，他也愿意踢踢野球。随着年龄的增加，萨基开始为一些青年队和少年队做指导。

1982年，36岁的萨基执教切塞纳青年队拿到冠军。他终于做出决定，不做其他职业了，专心足球事业。在切塞纳老板罗尼奥尼的介绍下，萨基报名进入了科维尔恰诺基地的教练培训班。当时教练班负责人阿洛迪非常喜欢这位年轻人。萨基有冲劲，有想象力，而且学习欲望强。闲暇时，萨基还自费去荷兰观摩阿贾克斯等队的训练和比赛。20世纪70年代荷兰的全攻全守足球技战术让萨基彻底陶醉其中，日后在AC米兰以及意大利队，萨基推行的都是这一套。

后来恩师阿洛迪推荐萨基去执教刚刚降入丙级联赛的帕尔马。一年之后，萨基就将帕尔马带回意乙。他的成名之战则是意大利杯中在圣西罗击败AC米兰，其区域防守、全场紧逼的高节奏足球，一下子征服了贝卢斯科尼的心。

之后就是我们熟悉的米兰王朝复兴——两夺欧冠，两夺丰田杯。意大利媒体有观点称，虽然大家都在称赞萨基的整体足球和华丽足球，但实际上米兰前任主帅利德霍尔姆以及意大利队前主帅贝阿尔佐特都在进行这方面的改变，力图将人们对意大利足球"防守反击"的认识扭转过来。只不过萨基得到了贝卢斯科尼最大的支持，得到了荷兰三剑客，才有了更好的舞台和成绩。他并不是创造者，而是一个把握住机会的幸运儿。

高强度的比赛节奏，对球员的跑动和拼抢要求极高。萨基过分强调训练强度，才导致了日后荷兰帮的造反，才有了贝卢斯科尼不得不舍弃萨基，才有了卡佩罗的又一个米兰王朝，才有了萨基的意大利国家队之旅。

在出任国家队主帅的新闻发布会上，萨基强调了自己的"革命性"，他要做一个国家队的最高领导人，拥有更多权力。他的一项发明是，分阶段在国家队集训地进行小规模"位置"集训，比如这次召十几个后卫来练一练，下一次就是中场们、前锋们。在世界杯之前，萨基一共召唤了70多位准国脚，萨基的意思是，不看名气，只看能力。这也难怪，他本人就是"草根逆袭"的最好范例。

在带队思想上，萨基强调集权和权威，不允许被质疑，不允许妥协。维亚利、曼奇尼、曾加甚至巴乔等球星都曾被萨基排除在球队核心外。萨基坚决从母队AC米兰以及帕尔马招纳国家队核心，1994年意大利队大名单中，7人来自AC米兰，6人来自帕尔马。

由于红黑军团表现确实出色，而且帕尔马也是异军突起的欧洲新贵，所以萨基的倾向性虽一度让其他俱乐部不满，但也让人无话可说。萨基并不是足协内部出身，想在短时间内树立威信，也只有以"自己人"为班底，重新构建国家队。

战术方面，萨基明确拷贝了自己在米兰的打法：442阵型，三条线平行站位，每条线之间保持紧密的距离，全场逼抢、全场压迫式进攻。但是，依靠荷兰三剑客构筑的这套打法，在意大利国家队并不能顺利推行，场面上没有给人耳目一新的感觉，反而经常需要球星的表现来救场。后来有评价称，萨基之所以在执教几年间成绩过得去，必须感谢1990年代初意甲本土资源的充沛，与技战术并无太大关系。萨基是一个思想家、一个提问者，但身边人经常不知道他到底在想什么。

## 险些折戟小组赛

世界杯预选赛，萨基的意大利队没有太大困难，最终7胜2平1负挺进美国世界杯。抽签过后，意大利队与墨西哥队、爱尔兰队和挪威队分在一组。

小组赛第一场对阵爱尔兰队，也就是四年前世界杯上意大利队在1/4决赛中淘汰的对手，但这一次获胜的是爱尔兰人。萨基排出了几乎整套米兰防线。可这套在联赛乃至欧战中牢不可破的防线却犯下错误，第11分钟爱尔兰队8号球员霍顿甩开阿尔贝蒂尼的盯防，远射攻门，足球竟然吊过站位过于靠前的帕柳卡，飞入大门，比分为1比0。

此后意大利队大举反攻，但巴乔和西格诺里的射门都无功而返。值得注意的是，这届世界杯第一次开始推行球衣后写上球员的号码和名字。巴乔成为意大利国家队历史上第一位将自己的名字与10号捆绑在一起的球员，再加上他的马尾辫，意大利人将"CODINO（小辫子）"的昵称送给了他。

意大利队第二场1比0击败挪威队，依靠的是另一位巴乔——帕尔马中场迪诺·巴乔。面对挪威队，意大利人压力很大，如果再输一场，几乎没有翻身的余地了，而意大利队还从没有世界杯两场连败的记录。令人担忧的事情总会发生，比赛仅仅进行了21分钟，挪威队获得一次单刀机会，门将帕柳卡不得已弃门而出，禁区外用手扑住足球，获得红牌。替补门将马切吉亚尼入替，下场的则是核心球员罗伯特·巴乔。这次换人在意大利国内以及更衣室内部制造了巨大争议。

后来《罗马体育报》主编库奇评价道，"意大利这支球队，必须要被打击、被伤害，然后才能奋起直追，爆发出足够的战斗力。"或许这就是意大利的民族性格。10打11的意大利队绝境逢生，第69分钟西格诺里的任意球开到禁区里，迪诺·巴乔门前抢点头球破门，比分变为1比0。世界杯开始前，萨基一度尝试让迪诺·巴乔打右后卫，最后不了了之。

取胜让萨基得到了喘息之机。总算有人开始支持他的用人和换人了。但小组出线形势依然混乱，四队同积3分，而且净胜球都是0，只有进球数有细微区别。

第三轮对阵墨西哥队是生死之战。经过半场效果不佳的攻击，萨基下半场立刻换人，前锋马萨罗换下卡西拉吉。换人很快收到回报，第48分钟阿尔贝蒂尼后场长传，马萨罗禁区弧顶后排插上，胸部停球，射门，这个进球让"花蝴蝶"坎波斯无可奈何。但仅仅9

分钟后，墨西哥人贝尔纳尔躲过西格诺里的铲球，在禁区外斜射破网，比分变为1比1。

此后意大利队疯狂进攻，因为现有结果并不能将出线命运把握在手中。可惜点球裁判没吹，射门擦柱而出，意大利队只得接受一场平局。同时，爱尔兰队与挪威队0比0战平，四队同分（一胜一平一负）。这是足球大赛历史上的唯一一次。

"我们赶紧去祈祷吧。"萨基在本队比赛结束后局促的一笑。他祈祷的对象是俄罗斯队。意大利队与墨西哥队的比赛在中午12点开打，另一个小组的俄罗斯队和喀麦隆队则是在下午16点开打。

意大利队小组能勉强出线，过了两关。第一关：小组内部，四队战绩完全一样，净胜球都是0，最后比较进球数，墨西哥队获得小组第一。爱尔兰队与意大利队数据完全相同，但爱尔兰队击败过意大利队，所以爱尔兰队获得小组第二。意大利队则凭借1个进球数的优势压倒挪威队成为小组第三。

意大利队过的第二关是成为成绩较好的第三名。根据规则，在6个小组第三中取出4个成绩最好的。阿根廷队和比利时队都是2胜1负积6分。而美国队和意大利队一样1胜1平1负，净胜球为0，美国队比意大利队多1个进球数，最终意大利队排名第四。接下来是俄罗斯队和韩国队，一个3分（1胜2负），一个2分（2平1负），均落选。

萨基之所以为俄罗斯队祈祷，是因为如果俄罗斯队在最后一轮小组赛中以0比3或更大分差输给喀麦隆队（此前1平1负），米拉大叔的球队就可以挤掉意大利队。最终俄罗斯队6比1击败喀麦隆队，送意大利队小组出线。那场比赛独进5球的萨连科也凭借6球力压巴乔（5球）和罗马里奥（5球）成为最佳射手。

不过，巴乔在小组赛时可是0进球，他的5个进球都是在淘汰赛打入的。巴乔真的很像1982年世界杯的保罗·罗西。小组出线后，意大利队进入巴乔节奏。

小组赛惊险出线，并没有让意大利人过于悲观，国内球迷反而争相回忆1982年的历史：三场平局凭借进球数力压喀麦隆队出线后，意大利队一路杀到决赛，捧起金杯。这一次也算得上压住喀麦隆队，迷信的意大利球迷们愈发乐观。

## E组积分榜

| 名次 | 球队 | 积分 | 场次 | 胜 | 平 | 负 | 进球 | 失球 | 净胜球 |
|------|------|------|------|----|----|----|------|------|--------|
| 1 | 墨西哥 | 4 | 3 | 1 | 1 | 1 | 3 | 3 | 0 |
| 2 | 爱尔兰 | 4 | 3 | 1 | 1 | 1 | 2 | 2 | 0 |
| 3 | 意大利 | 4 | 3 | 1 | 1 | 1 | 2 | 2 | 0 |
| 4 | 挪威 | 4 | 3 | 1 | 1 | 1 | 1 | 1 | 0 |

## 巴乔的88分钟神迹

1/8决赛意大利队遭遇的是力压保加利亚队和阿根廷队拿到小组第一的尼日利亚队。这支非洲球队血气方刚，速度、技术、身体和经验都不缺乏。萨基继续变着戏法，主力阵容又进行了不小调整。有些人把他与意大利著名导演费里尼相比较，因为他们俩总是让人出乎意料。"是的，我很喜欢他的作品。"萨基说道。

但是，马萨罗、多纳多尼和马尔蒂尼等人表现得并不好。尼日利亚人根本不恐惧前世界冠军，利用自己的身体和技术优势撕扯着意大利人的防线。第25分钟，尼日利亚人开出角球，意大利队禁区内头球解围失误，皮球落在小禁区右侧，尼日利亚队前锋阿穆尼克抢点射门，帕柳卡望球兴叹，比分变为0比1。

下半场开始后，意大利队的进攻始终无法造成威胁，反而被信心十足的尼日利亚人不停攻击。萨基必须做出调整了，但接下来上演了意大利世界杯上非常囧的一幕。帕尔马前锋佐拉替补西格诺里登场，仅仅12分钟后，也就是第75分钟，佐拉左侧突入禁区，被尼日利亚后卫埃瓜沃恩撞倒，墨西哥主裁卡特没有理会。佐拉立刻反扑抢球，结果冲动地踢倒了埃瓜沃恩，这次卡特直接掏出了红牌。

佐拉傻眼了，双手交叉在胸前，直接跪倒在草皮上，就像一个修道士在做忏悔。随后他双手抱头，痛苦倒地。慢镜头回放显示，虽然佐拉没有真正伤害到尼日利亚人，但动作幅度之大、报复情绪表现出的神态画面之清晰，证明红牌没错。至此，佐拉的世界杯之旅结束。解禁之后，萨基也没有再用他。直到1996年欧洲杯预选赛开始，佐拉才得以重返国家队。

0比1落后，10人打11人，意大利队陷入绝境。尼日利亚球迷在欢呼，意大利球迷开始绝望。罗马的酒吧里哀声一片，萨基的这次换人也被当作咒骂的靶子，"换个××啊"。

比赛还剩下两分钟，右后卫穆西右路突破后内切到禁区里。自认为胜券在握的尼日利亚人全场只有这一秒漏盯了巴乔，结果"小辫子"右脚低射，皮球钻入大门右下角，比分变为1比1。意大利人疯狂庆祝，但现在仅仅是平局，更何况他们还少1个人打。

加时赛开始，意大利人试图防守，10人打11人毕竟不好打，拖入点球大战似乎是唯一的选择。但是不可理解的是，尼日利亚人也开始放慢脚步，并不着急压出，似乎也想用点球大战决定自己的命运。意大利队唯一的一次危险，是门将与后卫失误，撞在一起，皮球慢悠悠滚向大门，迪诺·巴乔几乎是从门线上将皮球踢出来的。

意大利队难得有一次机会，却已足够成就巴乔。左后卫贝纳里沃助攻上前，巴乔挑传禁区内，尼日利亚队后卫埃瓜沃恩背后推倒了贝纳里沃，判罚点球。贝纳里沃幸福地躺在地上再也不想起来，替补席更是一片欢呼。巴乔主罚，骗过了门将，把比分改写为2比1。剩下的比赛，意大利队实际上是9人打11人。贝纳里沃那次插上用尽了最后一丝力气，小腿抽筋，再也跑不起来了。但换人名额已经用光，贝纳里沃只能重返赛场，站在锋线上当稻草人，马萨罗回来打左后卫。队友们后来开玩笑说，马萨罗踢后卫似乎比踢前锋更出色。

## 塔索蒂打断恩里克鼻子

意大利队可以欢庆了。终场哨响起，巴乔梅开二度，将意大利队从死亡边缘拉了回来，也将意大利队送入了1/4决赛。这一次他们的对手是大赛上从未遇到过的西班牙队。与西班牙队比赛中的功臣是两个巴乔，更让人记忆深刻的是，塔索蒂给了路易斯·恩里克一肘，让西班牙人鼻骨骨折。这一犯规没有被裁判看到，但事后根据电视法官的审判，塔索蒂被禁赛8轮。

两支欧洲拉丁派球队，却打得如此火爆，比赛的胶着程度可想而知。萨基的一些用人方法继续遭到媒体和球迷的质疑，只不过刚刚赢下尼日利亚队，萨基依然掌握主动权。这次面对西班牙队，萨基继续让人惊讶，打边锋或前锋的西格诺里失去主力位置，中场增加了孔蒂。孔蒂现在是尤文图斯队的主帅，当年踢球时是完全的工兵、肌肉男。这不禁令人质疑，萨基这是要放弃足球进攻了吗？西班牙队则派出阿尔科塔盯防巴乔，甚至不惜采用正面飞铲这样的杀伤战术。当初意大利队盯防对方明星球员的战术，被对手学以致用了。

客观来说，意大利队打得更好，更简单实用，西班牙队的短传配合几乎无法撕开意大利队的防线。第25分钟，迪诺·巴乔接到多纳多尼横传，30米外一脚远射直挂大门右上角。这是本届世界杯上意大利队第二次领先，上一次是打墨西哥队，但被追成1比1。

下半场，萨基立即将西格诺里换上场，意图扩大领先优势，确立胜局。但是第58分钟，西班牙队中场卡米内罗在禁区外射门，上一场的功臣贝纳里沃防守时将足球挡入死角，比分变为1比1。西班牙队趁势大举进攻，但没有打进一球。这必须要感谢回到主力位置的帕柳卡，他至少挡出了西班牙队两次单刀球。

意大利队的一次反击成为锁定胜局的关键。第88分钟，又是让对手诅咒的"巴乔时间"。西格诺里接到后场长传后不等足球落地，将球凌空挑向右侧，巴乔拍马赶到，冷静地趟过西班牙门将苏比萨雷塔，甚至他还有闲情逸致抬头看了眼球门，倒地射门，比分变为2比1。

比赛最后时刻，发生了"肘子"悲剧。塔索蒂若无其事地将恩里克鼻子打断后，西班牙人的憋屈终于找到了宣泄口。当你看看流着血、断了鼻子的恩里克追着塔索蒂跑了半场，就能感受到西班牙人心中的愤怒和怨恨。

## 半决赛，巴乔受伤离场

整个意大利队都在谈论巴乔，"他是一个天才"、"他是意大利的宝贝"、"他将带我们举起金杯"……几乎整个意大利的希望都落在了巴乔那纤细的肩膀上。剧情仍在发展，巴乔还在进球。半决赛的对手是世界杯大黑马保加利亚队。他们的头号球星是斯托伊奇科夫。

萨基依然将西格诺里的主力位置卸掉，这让人有些不解。但他也没有再派孔蒂这样的工兵上场，而是用贝尔蒂和多纳多尼组成中场双核，锋线交给巴乔和卡西拉吉。第21分钟，巴乔以一己之力闯关，禁区线前连过两名后卫，起脚射门，足球擦着右侧门柱飞入大门，比分变为1比0。

赛前有不少媒体或球迷“反巴乔”。他们批评道，巴乔就像个“小姑娘”，根本不跑动，不为球队服务，只知道自己进球，而他的状态也不足以撑起意大利队。其实，一些媒体永远在唱反调，尤其在意大利，唱反调才显得自己高明。而巴乔用进球回击了所有人的疑问。仅仅4分钟过后，又是这位意大利的“神辫”发威，刚刚两次击中横梁上沿的阿尔贝蒂尼绝妙挑传，杀入禁区的巴乔右脚打了一个死角，把比分改写为2比0。

可以说，这是意大利队在本届世界杯上踢得最好的比赛，终于打出了行云流水的配合。保加利亚队球员斯托伊奇科夫在第44分钟轻松罚进点球，却没能扭转局面。下半场萨基换上孔蒂干扰对方进攻，再加上马尔蒂尼和科斯塔库塔的防线。除了保加利亚人抗议科斯塔库塔的一个手球该判点球外，保加利亚再无威胁。

但之后，命运女神不再眷顾意大利队。第71分钟，巴乔右大腿肌肉疼痛难忍，终于无法坚持比赛。这一次是他主动要求下场，西格诺里入替。痛苦的巴乔一瘸一拐走向场边，最后被萨基揽入怀中的一幕，让人感动和感慨。因为这对将帅间的真情很快将烟消云散，两人甚至变为敌视。

淘汰了保加利亚队后，意大利队时隔12年后再次杀入世界杯决赛。整个意大利幸福至极。这更是对四年前本土世界杯折戟半决赛的一种发泄。意大利人在1990年代初的社会和政治问题的阴影中徘徊了很久，终于找到一个值得骄傲的发泄点。但是，每个庆祝的意大利人心中都有一丝隐隐的担忧：3天时间，受伤的巴乔能回来吗？还有老队长巴雷西，他在小组赛第一场后就因为右膝十字韧带受伤，不得不回国接受手术治疗。当初队医的意见是，"如果我们能杀入决赛，那巴雷西再回来吧"。

## 巴西赢下点球大战

决赛来临，时隔24年，意大利队与巴西队再聚首。1970年世界杯决赛，贝利的巴西队曾经4比1血洗意大利队。

1994年7月17日，洛杉矶的玫瑰碗球场，美国人终于被这项"莫名其妙的运动"征服了，全世界20亿人的目光聚集于此。唯一让人有些遗憾的是，比赛时间不得不安排在中午12时30分，这是为了照顾欧洲转播商的利益，因为此时欧洲多为傍晚。这一日，炎热的天气和骄阳才是胜利者。意大利队与巴西队的决赛就像冰激凌一样被融化了，一点美感都没有。

比赛的看点除了冠军的角逐，还有最佳射手的争夺，是巴乔还是罗马里奥？只要不是俄罗斯的萨连科（6球）就好。一个小组未出线的射手夺得世界杯金靴，难免有些尴尬。巴乔带伤上场了，队长巴雷西也神奇地复出，此外萨基沿用了对保加利亚队的阵容。

比赛过程让人越来越心烦意躁，谁也奈何不了谁。萨基在场边焦急地走来走去，比赛的胶着一直没有改变。帕柳卡接远射失误，足球脱手后撞向门柱，可弹回来后正好被帕柳卡搂入怀中，帕柳卡亲吻门柱的那一幕给了人们片刻的轻松和诙谐。面对巴西队的强大攻势，意大利人也不玩什么花哨了，老老实实打起了防守反击，混凝土防线让巴西人屡屡无功而返。

不过，意大利队有致命弱点，那就是伤病和体能。意大利队右后卫穆西在第34分钟就因肌肉拉伤下场。此后巴雷西和巴乔都因伤痛倒在场上，只能咬牙坚持。加时赛中，巴雷西铲断巴西人最后一次射门后，痛苦倒地的样子让人心碎。但老队长还是勇敢地走上点球点，踢出第一个点球，准确地说，是"踢飞"第一个点球。他和巴乔注定将成为这届世界杯决赛的悲情英雄。这是世界杯历史上第一次由点球决定胜负的决赛，它如实诠释了"残酷"的含义。巴雷西踢飞点球，巴西队第一个出场者马西奥·桑托斯踢出的半高球也被帕柳卡扑出，气氛愈发紧张。

此后出场的阿尔贝蒂尼（意）、罗马里奥（巴）、埃瓦尼

（意）、布兰科（巴）都骗过门将，比分为2比2。意大利队第四位走上点球点的是马萨罗，他是本届世界杯三位进过球的意大利球员之一（此外是两个巴乔），但他推向右侧的点球被塔法雷尔扑个正着。巴西队长邓加射入3比2的点球，这时命运女神终于要做出决断了。

意大利队第五个点球手是巴乔。如果射进，意大利队最后的命运将交给帕柳卡以及巴西的贝贝托。要知道，1993—1994赛季西甲最后一轮，在拉科鲁尼亚罚进点球就可能夺冠的情况下，贝贝托没敢去踢点球，结果队友久基奇罚失，拉科鲁尼亚队未能战胜巴伦西亚队，西甲冠军被巴塞罗那生生夺走。那这次呢？没有"如果"，因为巴乔就像巴雷西一样，低头、助跑、射门、飞……塔法雷尔开始倒地庆祝，巴西队赢得历史上第四座世界杯。

那些所谓巴乔"踢飞"世界杯的说法并不准确，但他那孤寂、落寞的背影，永远留在了球迷们的心中。甚至提起1994年世界杯，人们最先想到的不是夺冠的巴西队，而是那个永恒的背影。就像最伟大的戏剧永远是悲剧一样，巴乔以一己之力带着意大利队杀入决赛，最后用错失点球决定了意大利队的命运。有好事者意淫，说巴乔是故意的，因为他想成为主角，他知道就算踢进去了那个点球也很可能无济于事……巴乔是个虔诚的佛教徒，如此高深的思路，不是巴乔的风格。

这是足坛最悲剧的点球，意大利队又一次输在点球大战上。

乃至四年后的法国世界杯上，意大利队再一次折戟点球大战，直到2006年才在历史上第二次的决赛点球战中赢回世界杯。

三星巴西队击退了三星意大利队，在球衣上镶上第四颗星。更准确地说，巴西队击败了巴乔，也击败了萨基。如果萨基成为意大利队第三位世界杯冠军主帅，很可能意大利足球接下来几年的历史就要重写了。萨基有很多缺点，但如果有世界杯冠军在手，一切都不再是缺点，不再是弱点，可亚军什么也不是。萨基开始走下神坛。

# 十六、难挡法国队冲冠脚步

　　1998年之前，上一次在法兰西土地上举办世界杯是何时？是1938年，也就是意大利队卫冕世界杯的那一次，虽然那次夺冠有些法西斯等政治因素，但意大利足球依然以奖杯为荣。乃至出征1998年世界杯之前，意大利很多媒体以及球迷都乐观地期待着，"法国，我们又来了"、"这次不是亚军"、"巴西队，我们在决赛等着你们"……

　　巴西队如约而至，决赛也的确是"蓝黄大战"，只不过蓝色是东道主法国队，那是齐达内顶翻世界冠军的一年，而法国队在1/4决赛中击败的正是另一支蓝军意大利队，而且还是用最残酷的点球大战。继1990年、1994年之后，意大利队又一次品尝点球输球的苦恼。当然，这一次的主教练已不是四年前的萨基，而是切萨雷·马尔蒂尼（Cesare Maldini）——意大利队后卫保罗·马尔蒂尼的父亲。

## 1996年欧洲杯失败，萨基下课

欧洲杯的失败决定了萨基的下课，正如在他之前的一任教练维奇尼提前离任就是因为1992年欧洲杯预选赛失败一样。萨基的球队倒是轻松地杀进了1996年英格兰欧洲杯决赛圈，但小组赛就被淘汰了。有意思的是，这次萨基的意大利队在小组赛中依然是1胜1平1负，与1994年世界杯一样积4分，可这次只取前两名出线（意大利队在1994年世界杯上以小组第三名出线）。

欧洲杯折戟小组赛还不是最大问题，萨基刚愎自用，愈发"霸道"，让足协也有些受不了，更别提更衣室内部以及很久没有大规模爆发过的媒体军团了。

世界杯上被巴西队抢走金杯后，萨基其实成绩不错，但他依然大规模更换了阵容，尤其是果断放弃几位重磅球星引起争议，比如巴乔、维亚利、西格诺里、贝纳里沃、帕努奇等人，无论他们在俱乐部表现如何，萨基就是不召，理由是这些人不接受他的理念。于是，包括世界杯救世主巴乔在内，意大利最好的几位球星无缘欧洲杯，这让人无比惊讶。

其实，萨基就是要突出他的主导地位，球星、球霸之辈绝对不召，他要的是听话的军队。萨基在AC米兰从世界之巅到被球员逼宫，他明白了，球星可以用，但不可以常用，否则他们就会像荷兰人一样背叛自己。但是如此大规模地换人，让球队根本无法形成固定打法。媒体和球迷虽然对萨基的决定愈发怀疑，但是顶着世界亚军的名头，大家也不好说什么。

欧洲杯上，意大利队与德国队、捷克队和俄罗斯队分在一组。世界杯前，主力后卫费拉拉又重伤错过欧洲杯。萨基决定用马尔蒂尼打中卫，阿波洛尼从替补升任主力左后卫。意大利队首战对俄罗斯队，幸亏卡西拉吉梅开二度，才勉强2比1击败对手。

这场比赛中，"斑马王子"皮耶罗首次亮相国家队大赛，如同日后很多次大赛一样，他的表现不好。不过，萨基是将皮耶罗当作边前卫来使用。而在尤文图斯队时，就是因为皮耶罗成为主力前锋，尤文图斯才试图将巴乔改造为中场。巴乔很不开心，于1995年夏天转会AC米兰。如今巴乔不在国家队，萨基反过来想改造皮耶罗了。萨基在锋线上使用了卡西拉吉和佐拉。佐拉在世界杯对战尼日利亚队的比赛中上场12分钟就被罚下，此次大赛终得重用。

整体上说，意大利队表现得不好，控不住球，只能回到防守反击的老路，依靠前锋的个人能力解决问题。这不正是萨基最反感的球星定胜负的足球吗？

第二场对战捷克队，萨基突然更换了第一战的5名首发。队员卡西拉吉和佐拉的锋线直接被弃用，拉瓦内利和基耶萨成为主力，这是媒体赛后抨击的焦点。最终萨基输掉了赌注，虽然下半场将佐拉与卡西拉吉换上场。但内德维德和波博斯基们完胜意大利队，2比1将意大利队逼入绝境。

小组赛最后一场对德国队，如果不能取胜，意大利队就必须要祈祷俄罗斯队击败捷克队（1994年世界杯也是祈祷俄罗斯队击败喀麦隆队）。但俄罗斯队与捷克队3比3战平，意大利队则0比0与德国队战平。想想后来德国队与捷克队会师决赛，德国队前锋比埃霍夫在决赛中书写了世界大赛第一个"金球"的故事，同组的意大利队被淘汰也不算太冤枉。

不过，这届欧洲杯上萨基的独断专行激怒了意大利足协，这种从俱乐部上调的主帅天生就有不服足协管教的个性。更何况萨基是绝对的性格教练，从默默无闻到冠军杯冠军，再到世界杯决赛主帅，他有底气张狂，多少也对那些举世瞩目的球星有天然的敌意。

足协在为萨基寻找接班人，也在考虑如何解雇萨基。这时贝卢斯科尼又"雪中送炭"，乌拉圭人塔瓦雷斯在AC米兰执教成绩太差。贝卢斯科尼请回了萨基，希望重整旗鼓，算是为足协解决了一个麻烦。五年前贝卢斯科尼送萨基去国家队，五年后AC米兰的老板又将自己的主帅接了回去。

只不过，萨基在米兰那个赛季的成绩更差，最终只拿到第11名。那个排名是贝卢斯科尼时期的最差成绩。巴乔当时恰好在AC米兰，两个仇敌聚在一起，能有什么好结果？后来也有说法称，贝卢斯科尼也不太喜欢巴乔的性格，想挤走巴乔，萨基是最合适的"帮凶"。

## 马尔蒂尼父子出征世界杯

1996年12月萨基辞职离开国家队，足协随即将国家队教鞭交给，老马尔蒂尼。又回到了足协体制内选人的模式上。贝阿尔佐特1982年夺冠时，身边的助理教练就是老马尔蒂尼。维奇尼接任贝阿尔佐特后，老马尔蒂尼则顶替维奇尼成为意大利青年队主帅，一干就是十年，从1986年到1996年。他的成绩非常好，1992年、1994年和1996年，意大利队连续在三届欧青赛上夺冠。内斯塔和卡纳瓦罗这批十年后称霸世界的顶级本土球员，就是在老马尔蒂尼的国青队成长起来的。

老马尔蒂尼曾是AC米兰的功勋队长，是罗科时代的自由人和盯人中卫，是1963年第一个举起冠军杯的意大利人。他为人非常谦和，意大利媒体甚至认为老马尔蒂尼有时太好说话了，尤其是对比前任萨基，老马尔蒂尼有时不够决绝和果断，这才有了1998世界杯上的巴乔VS皮耶罗争议。

虽然老马尔蒂尼没能在法国成功，但他留下了一段足球史上的佳话：父子兵出征世界杯。很多球迷对"马尔蒂尼"这个姓氏的认识，更是源于"保罗"——就是五次举起欧冠奖杯的保罗·马尔蒂尼，他是近代AC米兰的传奇队长。

1985年1月20日，17岁的马尔蒂尼在AC米兰客场1比1打平乌迪内斯队的比赛中替补登场，完成意甲首秀。1988年3月，在1比1打平南斯拉夫队的友谊赛中，马尔蒂尼第一次为国家队效力，1988年欧洲杯和1990年世界杯，他都作为替补入选大名单。1994年世界杯，本来打左后卫的马尔蒂尼，因为队友巴雷西的重伤，回撤到了中卫位置，他从那时开始展现出超强的中卫才华。虽然马尔蒂尼一直被称为"法切蒂之后意大利最伟大的左后卫"，但马尔蒂尼在中路的能力也绝对不能低估。后来他与内斯塔搭档，成为世界最佳中卫组合，在AC米兰一起赢得了所有荣誉。

当然，在父亲的那支国家队里，保罗还是左后卫，因为这里有内斯塔、卡纳瓦罗，更有科斯塔库塔。保罗戴上了队长袖标，成为意大利足球史上最伟大的队长之一。

不过，马尔蒂尼的两次告别（俱乐部、国家队）都不美好，在2002年世界杯上被安贞焕力压顶入制胜头球的那一幕，引发了外界对马尔蒂尼的无数批评。倔强的保罗愤怒宣布从国家队退役，之后他用完美的中卫表现帮助AC米兰建立了安切洛蒂王朝，狠狠地回击了所有质疑。

2008—2009赛季结束后，由于AC米兰俱乐部不续约，马尔蒂尼不得不在40岁高龄退役。更遗憾的是，在他职业生涯倒数第二场和最后一场主场比赛中，南看台的极端球迷打出各种条幅攻击马尔蒂尼，"作为队长不如巴雷西"之类。反而是最后一战中，佛罗伦萨球迷为马尔蒂尼献上全场掌声。

马尔蒂尼的告别如此不顺，主要原因是他的性格过于刚硬，并和副主席加利亚尼在很多问题上看法不一，以至他被俱乐部的合作者、南看台球迷敌视。这也是马尔蒂尼退役几年后无法进入AC米兰俱乐部任职的关键原因。在2013年底AC高层的"宫斗大戏"中，马尔蒂尼一度与"公主"芭芭拉（老板贝卢斯科尼的女儿）走得很近，几乎就是芭芭拉驱逐加利亚尼的先锋官。可惜最终加利亚尼没有倒台，马尔蒂尼的"回归"之旅只能延迟。

马尔蒂尼的儿子克里斯蒂安虽然被AC米兰俱乐部注册，有希望呈现祖孙三代同效力AC米兰的佳话。但至少官方评价克里斯蒂安的水平无法与父亲相提并论，暂时出租在外。不过，相信所有AC米兰球迷都希望有一天看到"马队"一家同时身披红黑战袍的一幕，哪怕是作秀也行，只不过在商业足球的今天，马尔蒂尼这样终生只效力一支球队的传奇经历愈发罕见。

## 布冯冰天雪地中的亮相

言归正传，老马尔蒂尼的意大利队摆脱了萨基时代的压力，重新出征1998年世界杯预选赛。

1997年1月22日，意大利队以2比0击败北爱尔兰队，那是马尔蒂尼执教首战，也是日后世界冠军队长卡纳瓦罗的国家队处子秀。

随后的比赛中，意大利队虽然有过第一次在正式比赛中客场击败英格兰队（1比0）的壮举，但最终还是5胜3平不败，名列小组第二（英格兰是6胜1平1负），不得不迎来附加赛。这也是意大利队在世界杯预选赛历史上第一次打附加赛。附加赛的对手是刚在欧洲杯上遇到过的俄罗斯队。

1998年10月29日，在莫斯科的冰天雪地中，意大利队与俄罗斯队进行了著名的"冰球大战"。19岁的门将布冯第一次出场，他在第32分钟替下受伤的主力门将帕柳卡。当维耶里打入1比0进球后4分钟，布冯在帕尔马的好搭档卡纳瓦罗就贡献了一记乌龙球，1比1完场。但是比赛并不像比分那样平静，在布冯的高接低挡中，人们发现，意大利队又一个世界级门将诞生了。

第二回合在主场，凭借卡西拉吉的破门，意大利队以1比0击败俄罗斯队，惊险挺进1998年世界杯。

## 皮耶罗力压巴乔拿10号

在人员选择上，老马尔蒂尼并没有制造太多争议，只是在22人世界杯大名单中排除了此前在温布利击败英格兰队的进球者佐拉。老马尔蒂尼称："因为他在切尔西的赛季表现不够出色。"一个赛季8个进球，佐拉确实为出国踢球付出了一些代价，"我本希望能在

1998世界杯上为自己四年前的愚蠢赎罪……"佐拉说。

其实，排除佐拉在很大程度上是为巴乔腾位置。老马尔蒂尼也一直在犹豫，是否要召巴乔回国家队。因为在预选赛中，老马尔蒂尼只用过巴乔两次，毕竟巴乔效力的是非豪门博洛尼亚队。

好在巴乔是"全意大利的儿子"，几乎所有媒体和球迷都为他请愿。巴乔也争气，在博洛尼亚队一个赛季打进22个联赛入球，超过在尤文图斯的个人最好纪录21球。如此状态，焉能不招？鉴于萨基在1996年欧洲杯不召巴乔的后果，老马尔蒂尼只得放弃佐拉。

关于巴乔还有一个疑问，那就是巴乔与皮耶罗的主次。从美国世界杯开始，球员名字与球衣号码开始挂钩。不过很多球员并不在意，除了一些"明星号码"，其他人都是按姓氏排，或者按场上位置排。

不过，"10号"是真正的明星号码，是绝对核心的象征。在尤文图斯，正是皮耶罗的冉冉升起，让俱乐部决定放走巴乔，因为两人踢的都是"9号半"，除非有人愿意转型。巴乔离开后，皮耶罗成为尤文图斯的真正10号，世界杯之前的赛季，皮耶罗表现得相当出色，联赛和杯赛一共打入32球，是尤文图斯杀入欧冠决赛的最大功臣。唯一可惜的是，那场欧冠决赛尤文图斯负于皇马，皮耶罗也肌肉受伤，再加上一个赛季的疲惫，状态低谷正好与世界杯重合。

世界杯之前，皮耶罗是最火的10号，当之无愧地拿走了10号球衣，巴乔则穿上18号。但世界杯集训中，老马尔蒂尼已经发现了皮耶罗的状态问题。几场热身赛下来，皮耶罗丢掉了主力位置。第一场小组赛对智利队，巴乔与维耶里顶在锋线上。

## 用点球救赎自我

开场仅仅11分钟，巴乔就助攻维耶里破门，意大利队1比0领先。但是，意大利队踢得并不好，后防线实行人盯人策略：卡纳瓦罗VS萨拉斯、内斯塔VS萨莫拉诺、马尔蒂尼VS比利亚罗埃尔。因对方个人实力太强，这个战术露出了破绽。上半场结束前一刻，对方球员萨拉斯高高跃起头球攻门，将卡纳瓦罗压在身下，足球钻入帕柳卡无法扑救的死角，比分变为1比1。南美足球先生萨拉斯刚在冬季转会市场，以1500万美元的天价加盟拉齐奥，就开始在世界杯上为意甲兄弟们制造麻烦。

下半场开始3分钟，智利队下底传中，这次是萨莫拉诺前点完胜内斯塔后将球做到后点，同样甩开卡纳瓦罗的萨拉斯打入2比1的进球。这时人们才想起来，此前的世界杯上，但凡与智利队同组，意大利队就没有小组出线：1962年的"圣地亚哥拳击赛"，意大利队被东道主打出世界杯；1966年，意大利队虽然2比0报仇智利队，但小组赛最后一战被"朝鲜牙医"们爆冷淘汰。那么，这一次呢？

老马尔蒂尼调兵遣将，因扎吉、基耶萨和迪比亚吉奥先后上场，但真正挽救意大利队命运的还是巴乔。第85分钟，巴乔狡猾地将足球踢到了智利队后卫富恩特斯的手臂上，虽然富恩特斯的手臂完全贴合身体，主裁判还是慷慨地给出一个点球。

1994年世界杯意大利队以点球结束，1998世界杯能否从点球起死回生呢？制造点球后，当队友们都在欢庆时，巴乔一个人低头踱步，最后站在那里，手扶着膝盖，他或许在考虑，要不要去罚这个点球。四年了，梦魇仍在？基耶萨跑过去询问巴乔，是否可以由他主罚点球，老大哥迪诺·巴乔一把拽走基耶萨说："让他去，让他冷静下。"基耶萨心领神会，鼓励了巴乔。

巴乔站起身，拿起足球，慢慢走向点球点，这个他熟悉不过的位置。背后的智利队球员念叨着什么，或许是提醒巴乔四年前的那一幕。但是带着佛教徒平静心态的巴乔，从容地将足球射入大门，比分变为2比2，意大利队绝处逢生。巴乔已经没有了那牵动人心的马尾辫，以平头示人的他，走出了四年前的阴影，恐怕这是本场意大利队的最大收获。巴乔在三届世界杯上都有进球，这是意大利队足球史上的唯一。

## 两名"10号"的接力棒

第二场面对喀麦隆队，意大利队以3比0获胜，迪比亚吉奥在第7分钟接到巴乔的角球头球破门。第75分钟和第89分钟，维耶里梅开二度，俗称"足坛浪子"的他，用自己强悍的身体素质和机敏的门前嗅觉撕碎了喀麦隆队的防线。

维耶里算是意大利足坛近年来涌现的难得一见的力量型前锋，转投西甲后，他在马德里竞技队一个赛季打入24球，毫无争议地成为意大利头号中锋。这届世界杯他也不负老马尔蒂尼的期望，除了1/4决赛对法国队没有破门之外，其他四场比赛都有破门，共打入5球。也正因为有了维耶里以及另类中锋因扎吉，马尔蒂尼才将预选赛附加赛打入关键进球的卡西拉吉排除在大名单之外。

虽然对喀麦隆队的比分是3比0，但意大利队赢得并不轻松，喀麦隆人对意大利的球星们坚决采用"杀伤战术"。上半场结束前，后卫卡拉就吃到红牌，被他铲翻的迪比亚吉奥被担架抬出场外治疗。巴乔更是喀麦隆人"照顾"的重点对象。专门负责巴乔的后卫恩扬卡，全场对巴乔黑脚不断，踢得巴乔一瘸一拐。第65分钟，巴乔不得不将位置交给皮耶罗。意大利队10号开始了自己的世界杯之旅。

小组赛最后一场面对奥地利队，在国内媒体尤其是都灵城媒体的压力下，老马尔蒂尼决定让皮耶罗首发。阿迪达斯是皮耶罗的个人赞助商，其为了施压，还专门制作了一个大幅海报，下面写着：只有一个人能阻止皮耶罗进球，他就是切萨雷·马尔蒂尼。

于是，这届世界杯上，巴乔与皮耶罗这两代10号只能轮流出场，至少从来没有同时出场过，意大利媒体形容"这就是新的接力棒"。上一次"接力棒"还是在1970年世界杯上，里维拉与马佐拉交替上场，老马尔蒂尼没有办法，两个人特点太像了，而且都不太愿意回防，如果都上，意大利队的中场防守必定空虚。

## 内斯塔的世界杯魔咒

对喀麦隆队时，皮耶罗替补上场后策划了维耶里的一个进球。但是对这样一位10号，大家的期望值要高得多。可惜小组赛第三场对阵奥地利队，皮耶罗没有太多表现，任意球助攻维耶里破门，这更是后者强大冲击力的展现。下半场表现平淡的皮耶罗被巴乔换下，而巴乔和同样替补登场的因扎吉打了一个精彩的三角配合，打入2比0的进球，奥地利队只在第90分钟由赫尔佐格用点球扳回一球。

这场比赛意大利队有一个巨大损失，内斯塔开场仅4分钟就在冲撞中弄伤了右膝十字韧带，要伤停9个月，内斯塔提前告别了自己的第一次世界杯。后来在2002年和2006年世界杯上，内斯塔都在小组赛中受重伤，伤别世界杯成了内斯塔的专利和悲哀，如此伟大的盯人中卫却无法陪伴意大利队一起向前。

顶替内斯塔的是时隔7年回到国家队的"老爷爷"贝尔戈米。他参加过1982年世界杯、1986年世界杯和1990年世界杯。贝尔戈米曾以18岁之龄成为意大利国家队历史上最年轻的球员，凭借在国际米兰的出色表现，35岁的贝尔戈米又参加了第四次世界杯。在意大利队历史上，只有里维拉、阿尔贝托西、佐夫、马尔蒂尼、卡纳瓦罗和布冯做到过。老马尔蒂尼很信任这位"老伙计"，内斯塔受伤后，贝尔戈米晋升主力。

2比1取胜奥地利队，意大利队2胜1平积7分，名列B组第一，幸亏拿到了第一，因为小组第二名智利队在1/8决赛打的是巴西队。上届世界杯的冠亚军没有提前碰面，意大利媒体和球迷都很庆幸，因为那支巴西队依然无敌，拥有世界足球先生罗纳尔多。意大利队对战的是挪威队，但别大意，挪威队在小组赛最后一战中曾经2比1逆转巴西队，当然那是因为卫冕冠军已经提前出线。

这是一场艰苦的比赛，北欧人的身体让维耶里相形见绌，但好在维耶里的脚下技术比对手出众。第18分钟一次直传，维耶里高速带球反击，精准射门命中，比分变为1比0，这个进球狠狠地打击了正在疯狂进攻的挪威队球员。意大利队这边最大的问题还是皮耶罗，他没有像巴乔一样肩负起进攻重任，也没能像维耶里那样经常穿插在对方禁区寻觅机会，甚至浪费了三次绝佳机会。

到了下半场，现场助阵的不少意大利球迷开始给皮耶罗喝倒彩，还喊着"换巴乔，换巴乔"的口号。老马尔蒂尼也怒了，自己好说话没错，被赞助商施加过压力没错，但球迷这样倒戈，已经超出了主帅的心理底线。于是，皮耶罗下场后，上去的是基耶萨，巴乔留在替补席上直到终场。

这场胜利基本上是维耶里和门将帕柳卡的胜利，主裁吹响终场哨时，很多意大利队球员不是去庆祝，而是倒在地上喘息，挪威人最后15分钟的进攻让意大利队的防线几乎崩溃。

## 巴乔罚进了，别人却不进

1/4决赛对手将是法国队与巴拉圭队的胜者，经过113分钟的狂轰滥炸，法国队终于由后卫布兰克打入制胜球，淘汰巴拉圭队。有意思的是，四年后的世界杯上，老马尔蒂尼带的正是巴拉圭队。

意大利队和法国队上次交锋是1986年世界杯的1/8决赛，法国队以2比0完胜，那也是普拉蒂尼的胜利。12年后，普拉蒂尼在看台上为球队加油，当时盯防普拉蒂尼的贝尔戈米却还在场上奋战。

面对齐达内解禁复出的东道主，老马尔蒂尼又一次让皮耶罗首发，巴乔替补。这多少有点和球迷怄气的成分，当然不排除赞助商和俱乐部的压力，毕竟皮耶罗效力的是尤文图斯，而巴乔的东家是区区博洛尼亚。这次交手，双方都非常谨慎，但相对来说，在球迷的助威声中，主队机会更多一些，帕柳卡的出色表现挡住了法国人一次又一次的攻门。

意大利队这边，维耶里的头球差点钻入死角，被法国门神巴特斯用脚挡出，此后一个单刀射门，又是巴特斯阻挡了维耶里的进球步伐。真正差点绝杀法国队的，还是替换皮耶罗上场的巴乔，第102分钟巴乔的那脚凌空斜射，巴特斯已经缴枪了，但皮球擦着左侧立柱飞出底线。如果那球进了，世界足球历史必将重写，可惜，意大利队不得不再次面对残酷的点球大战。

第一轮是核心PK，齐达内骗过帕柳卡，巴乔也轻巧地骗过了巴特斯，比分是1比1。1994年的点球噩梦真正过去，但这一个点球将成为巴乔在世界杯上的最后一次触球。此后，他在2000年欧洲杯预选赛上有过两次出场，之后再也没有入选过国家队。2002年世界杯前，巴乔膝盖手术后奇迹复出，却被特拉帕托尼"忽略"，这也成为一段很大的争议，后文详述。

巴乔罚入点球后，食指放在嘴边做"嘘"状，回击全场的法国球迷，因为巴乔罚球前，法国人都发出嘘声，还喊着"1994"。备受鼓舞的帕柳卡成功扑住了利扎拉祖的点球，可阿尔贝蒂尼完全相同的点球却被巴特斯如出一辙地扑住。接下来特雷泽盖（法）、科斯塔库塔（意）、亨利（法）、维耶里（意）相继罚入。第5轮，布兰克（法）仍然成功。轮到光头迪比亚吉奥（意）了，客观来说，迪比亚吉奥在本届世界杯上表现非常出色，可惜最后一球却成为永别，他的点球重重地撞在横梁上弹出。

## 老马尔蒂尼愤怒辞职

当迪比亚吉奥痛苦地倒在地上的瞬间，法国队门将巴特斯似乎大脑顿时短路了，茫然不知所措，看着冲过来庆祝的队友们，幸福与喜悦才油然而生。

意大利队球员们安慰着迪比亚吉奥，维耶里甚至倒在齐达内的怀中哭泣，老马尔蒂尼在场边沉默呆立。迪比亚吉奥是罪人？皮耶罗是罪人？主帅是罪人？失败总可以找到很多人承担责任。

意大利媒体开始抨击老马尔蒂尼的用人问题，从巴乔与皮耶罗的交替使用，到佐拉和卡西拉吉被排除在大名单外。但是要记住，法国队在世界杯赛上90分钟包括120分钟内赢得了所有比赛，除了对意大利队这场。

不过，这时没有人虽败犹荣，全意大利都在哭泣，不仅为1998年世界杯的失败，更为从1990年和1994年延续至今的点球梦魇，无法驱散的厄运笼罩在意大利人心中。

老马尔蒂尼回国后当即决定辞职，而且很快彻底地离开了足协。因为在媒体的批评狂潮中，足协并没有对他提供足够的保护与支持。不过就像前面说的，必须有人来承担这个责任，世界杯8强、不败出局永远不是意大利可以接受的结果，因为意大利只有一个目标，那就是冠军，可惜老马尔蒂尼并没有完成恩师贝阿尔佐特的伟业。

# 十七、被韩国人顶翻

　　还记得那性感的蓝色弹性战袍吗？还记得让日本球迷疯狂到如痴如醉的帅哥们吗？还记得托蒂的红牌、厄瓜多尔裁判莫雷诺的死鱼眼吗？当然还有被安贞焕力压顶入金球后，马尔蒂尼与布冯那悲伤的眼神。

　　这，就是2002年韩日世界杯意大利队磕磕绊绊地小组出线，像四年前一样又一次对战东道主，只不过这一次除了运气差，意大利人更多的是被"哨子"击败的。所以，特拉帕托尼依然能摆脱媒体的攻击，继续执掌国家队直到2004年欧洲杯后，而不是在世界杯后立即被罢免。

## 欧洲杯，这次不怕点球了

老马尔蒂尼辞职后，特拉帕托尼并没有直接接手国家队，其间还有一个佐夫，以及一届神奇又悲情的欧洲杯。在法国世界杯上被东道主淘汰后，由于不满媒体在皮耶罗与巴乔使用问题上的无止境的攻击，老马尔蒂尼果断辞职。意大利足协再次找到了一位"自己人"，而且是在俱乐部锻炼过、熟悉媒体和球迷批评的人，那就是佐夫。佐夫在1986年至1988年间执教过国青队，此后回到俱乐部，尤文图斯和拉齐奥都留下了他的足迹。

接过意大利队的教鞭后，佐夫的主要任务是备战2000年欧洲杯。在组队方面，争议人物巴乔暂时被搁置，托蒂、因扎吉、德尔维奇奥等人逐渐开始占据国家队主力位置，特别是托蒂。他的成长速度非常快，让皮耶罗都感受到了巨大的压力。不过10号球衣还是给了皮耶罗，而且托蒂经常打新设立的前腰位置，让皮耶罗可以打前锋，算是解决了"两个10号"并存的问题。

在荷兰与比利时联合举办的欧洲杯上，意大利队在小组赛中以2比1击败土耳其队、2比0击败东道主比利时队、2比1击败瑞典队的三战三胜的成绩挺进8强。在意大利队参加大赛的历史上，只在1978年世界杯和1990年世界杯中有过小组赛全胜的记录，而2000年的欧洲杯更是3分制以来的唯一全胜。

对罗马尼亚队的1/4决赛中，托蒂与因扎吉在10分钟内用两个进球淘汰对手，助意大利队继续昂首前进。意大利队半决赛的对手是同样在本届欧洲杯上全胜的荷兰队。这是一场神级比赛，为足坛制造了托尔多这样一个"圣人"，一个因为布冯受伤才成为欧洲杯主力门将的"圣托尔多"。

开场34分钟，赞布罗塔就因两张黄牌被罚下场，意大利队接下来奉献了一场经典的混凝土般坚固的防守战。荷兰队的各种进攻都被后卫、门将，甚至门柱挡出。先是内斯塔送给克鲁伊维特一个点球，但弗兰克·德波尔的点球被托尔多扑个正着。下半场荷兰队的戴维斯又制造了一个点球，但克鲁伊维特的点球推到，门柱上。意大利队严防死守了整整120分钟，0比0的比分让荷兰队主帅里杰卡尔德在场边无奈地摇着头。

比赛进入点球大战，这是意大利队从上半场就已明确的目标。迪比亚吉奥、佩索托和托蒂都罚入了点球，特别是当时年轻气盛的托蒂竟然来了个"勺子"球，那是托蒂的成名作。"看我去搞范德萨……"走向点球点前，托蒂对身边的队友说道。

荷兰队继续着噩梦，队长弗兰克·德波尔的点球再一次被托尔多扑出，随后出场的斯塔姆同样如此。只有第三个射出点球的克鲁伊维特打破了托尔多的金身。在马尔蒂尼射丢一个点球后，荷兰人刚刚抱有希望，结果托尔多就把博斯维尔特的射门单臂挡出。

荷兰队的5个点球，3个被托尔多扑出，一个击中门柱，一个射进。佐夫后来回忆说："我在更衣室里跟托尔多说，'你要在我那个时代，我就可以歇班了……'"

## 金球，意大利人的又一场噩梦

进入决赛，法国人渴望着世界杯加欧洲杯的双料冠军奇迹。虽然佐夫派出了"3412"的前场三叉戟阵型，但表现不佳的皮耶罗还是没有进入先发，托蒂顶到锋线上搭档德尔维奇奥，菲奥雷负责前腰。下半场托蒂用脚后跟策划了一次进攻，佩索托下底传中，德尔维奇奥包抄破门，比分为1比0。"后来我听人说，场外的奖杯已经绑好意大利国旗的绸带了，但这就是命运。"德尔维奇奥回忆说。

90分钟比赛的最后一刻，法国队替补前锋维尔托德将比分扳成1比1，卡纳瓦罗、内斯塔和托尔多都没能挡住这个球。加时赛上，金球诞生，第103分钟，特雷泽盖打入制胜一球，法国队加冕。

有意思的是，从1994年开始引入的金球制胜规则，到这场欧洲杯决赛，在国家队大赛中共出现过5次。德国队在1996年的欧洲杯决赛第95分钟以2比1绝杀捷克队、1997年世界杯预选赛亚洲区附加赛上日本队在第105分钟以3比2绝杀伊朗队，其余三次均由法国队完成。法国队在1998年世界杯1/8决赛的第113分钟淘汰了巴拉圭队、2000年欧洲杯半决赛上第117分钟以2比1淘汰葡萄牙队，以及这次在第103分钟击败意大利队。

下文即将讲述的韩日世界杯上也有3个金球，包括1/8决赛瑞典队在104分钟被塞内加尔队以2比1绝杀、塞内加尔队在1/4决赛第97分钟被土耳其队绝杀，以及意大利队在1/8决赛第117分钟被韩国队淘汰。

2002年世界杯之后，金球制被改为银球制（加时赛进球后不立刻停止比赛，而是打完加时赛半场）。2004年2月，国际足联正式将金球制和银球制取消，说是"过于残酷"，其实也是为了迎合转播商的利益和球迷的兴趣利益着想。总之，意大利队两次被金球祸害，算是最倒霉的国家队了。

## 佐夫被贝卢斯科尼挤走

虽然欧洲杯错失冠军，但意大利人对成绩还算满意，只是埋怨运气不佳。但是AC米兰的老板、反对党领导人贝卢斯科尼对主帅佐夫的批评过头了："就算是个业余教练，都应该知道要派人盯死齐达内""我不是针对佐夫，我就是说战术问题""最后时刻竟然控制不住比赛"……佐夫也在布鲁塞尔登机回国前表态："让我想想如何回答这位先生的意见。"

回到罗马的第二天，佐夫就犀利反击："贝卢斯科尼先生的话我无法接受，这是对一个工作者的无端指责和干涉。我不是政治上针对他，我就是无法接受他的话，所以我辞职，我也知道自己要付出一些代价，那么请来吧。"

佐夫的性格就是这样果断和不容别人置疑，虽然贝卢斯科尼随后力图缓和局面，但足协也无法挽留去意已决的佐夫。佐夫回到拉齐奥队，担任名誉主席，成为意大利队历史上第一位没有参加过世界杯的国家队主帅（成立初期的各种教练组合不算），2006年至2008年间的主帅多纳多尼是第二位。

国家队的帅印交给了61岁的特拉帕托尼，他是一位真正的金牌教练，他的7次意甲冠军是永恒的纪录。直到今天，特拉帕托尼一共拿到22座冠军奖杯。那么，他能带领意大利队摘回2002年世界杯的冠军金牌吗？

特拉帕托尼上任后意大利队的成绩不错，托蒂、维耶里、皮耶罗和因扎吉等人正处于足球事业的巅峰期，后面还有内斯塔、卡纳瓦罗和布冯等人，意大利队有实力向2002年世界杯发起挑战。但是，特拉帕托尼不得不面对前任主帅老马尔蒂尼和佐夫都为难的一个问题，就是10号的抉择。表面上，10号之争是托蒂与皮耶罗之争，实际上让老帅承担最大压力的却是巴乔。

## 巴乔错过世界杯并非因为重伤

1998年世界杯后，巴乔很快转会去了国际米兰，但与里皮交恶以及当不了主力，导致他在世界杯之后只打过三场国家队比赛，基本被佐夫弃用，无法参加2000年欧洲杯。巴乔很明白自己的处境，他必须找到另一家"博洛尼亚"，一个可供自己独舞的舞台。这时，布雷西亚的老帅马佐尼向他张开了双臂。巴乔在布雷西亚四年，每个赛季的联赛进球都是两位数。这样的状态，入选国家队理所应当。

很多人都在说，如果不是2002年1月31日对阵帕尔马的意大利杯比赛中的那次重伤，巴乔可以出征2002年世界杯。事实并非如此，那次右膝手术之后，巴乔用了77天就神奇复出，代表布雷西亚打了最后两场保级生死战，还进了球。虽然特拉帕托尼留过口信说等着巴乔，但真相是，就算巴乔没有那次受伤，特拉帕托尼也不会带领巴乔去参加世界杯。所谓的"口信"只是礼节而已。

巴乔在场上受伤时，痛哭"世界杯梦碎"，这一幕让所有人心悸。此后不停传出消息，他是如何努力康复，再加上77天后的神奇复出，巴乔正在上演奇迹，绝大部分人都期望看到圆满结局。但是在足球圈子里，很多事情不是靠"球迷投票"就能决定的。除了俱乐部、赞助商对巴乔的竞争者的支持，从技战术乃至控制更衣室方面考虑，特拉帕托尼都不愿将巴乔带去韩日世界杯。

四年前的法国世界杯，因为"皮耶罗还是巴乔"的接力棒问题，老马尔蒂尼被逼到和场边球迷争吵，逼到战术混乱，逼到辞职。特拉帕托尼手下已经有了皮耶罗和托蒂的难题，若再加上巴乔，老爷子那头白发还不愁得掉光？而且，当初巴乔在尤文图斯被皮耶罗挤走，就是因为特拉帕托尼想将巴乔从前锋改造为中场，但他的努力以失败告终。让35岁的巴乔去踢中场，就算特拉帕托尼同意，巴乔自己也不会同意。

球迷对巴乔的助阵，更起了极大的反作用。这样一个拥有几千万球迷的球星，特拉帕托尼若将他放在替补席上，那还不被责骂？而且巴乔与萨基、老马尔蒂尼、里皮、卡佩罗等名帅的关系都不佳，其中肯定也有些个人原因。特拉帕托尼也不例外，他不希望巴乔成为世界杯征程上的定时炸弹。

仔细看看巴乔的履历，2000年特拉帕托尼上任后，就从没召入过巴乔，无论他有伤还是没伤，无论他在布雷西亚打得有多好，从一开始，特拉帕托尼就没打算让巴乔第四次征战世界杯。

对于喜爱巴乔的球迷，这太残酷了，尤其是在巴乔77天奇迹恢复之后。所以在世界杯上，特拉帕托尼承担了无数骂声。但是他有太多问题要解决，三后卫还是四后卫？双前锋还是三叉戟？皮耶罗还是托蒂……特拉帕托尼个人看好托蒂，把10号球衣给了"罗马王子"，把7号给了皮耶罗，两人待遇高下立判。

## 这次皮耶罗的对手是托蒂

意大利队在韩日世界杯上被分在了G组，同组的有墨西哥队、克罗地亚队和厄瓜多尔队。克罗地亚队是法国世界杯季军，但墨西哥队最后成为黑马，厄瓜多尔队则成为决定小组出线名额的关键。

首战厄瓜多尔队，特拉帕托尼排出了"3412"阵型，马尔蒂尼、卡纳瓦罗和内斯塔三大中卫坐镇，赞布罗塔与帕努奇一左一右，迪比亚吉奥和托马西拱卫前腰多尼，托蒂与维耶里顶在前面。

维耶里在第7分钟和第27分钟梅开二度，继续保持着自己世界杯赛场上的良好状态。第2球尤其生猛，他硬扛住厄瓜多尔队后卫，冲过门将，将球射入空门。第74分钟，皮耶罗顶替托蒂出场，这是新的"接力棒"吗？赛后媒体的焦点继续集中于10号之争：是不是应该让托蒂打前腰、皮耶罗打前锋呢？特拉帕托尼不满媒体的战术干预，次战克罗地亚队时，他索性没用皮耶罗，多尼被换下后，上场的是因扎吉。

在这场与克罗地亚队的比赛中，维耶里在第55分钟先下一城，意大利队看来有望提前锁定出线权。但是克罗地亚队替补前锋奥利奇在第73分钟头球追平。3分钟后，曾效力佩鲁贾的拉帕伊奇侧身半凌空抽射。球被马特拉齐蹭了一下，划出诡异的弧线，吊入大门死角，2比1，克罗地亚队领先。

马特拉齐上场，内斯塔在第24分钟因脚伤下场，他继续上演着世界杯小组赛必伤的不幸故事。这场比赛后，弃用了皮耶罗的特拉帕托尼承担了巨大的压力，但老帅脾气更倔。第三场对墨西哥队，托蒂改打前腰，前锋是因扎吉与维耶里。换下托蒂的皮耶罗只得到了12分钟时间，而"斑马王子"居然打入了"价值千金"的头球，帮助意大利队1比1追平墨西哥队，以小组第二出线。

## 感谢皮耶罗不如感谢厄瓜多尔队

直到今天，很多皮耶罗的粉丝依然在回味那个头球的"救世主效应"，这是皮耶罗在世界杯上的第一个进球。但是，从数学角度来看，那个进球于G组出线却没有太大的直接作用。

这个小组的出线形势极为复杂，已不是一个进球就能决定。与1982年和1994年的惊险晋级相比，2002年的小组赛更像一部悬疑剧，4支球队的命运随时可能改变。1比1战平墨西哥队之后，特拉帕托尼在新闻发布会上感慨："感谢上帝，我知道上帝就在那里……"

世界杯小组赛的规则是：积分相同的球队，先比较净胜球数、进球数，然后才是相互胜负关系（欧洲洲际赛事普遍先比较相互胜负关系）。小组赛第三轮之前，出线形势异常复杂。墨西哥队两战两胜（得失球3:1），以6分领跑，意大利队1胜1负（得失球3:2），与克罗地亚队（1胜1负，得失球2:2）同积3分，两负的厄瓜多尔队几乎已经出局。

如果意大利队想百分百确保出线，就必须击败墨西哥队，这样无论克罗地亚队赢多少个球，意大利队都能在同分的情况下凭借净胜球优势挤掉墨西哥队。如果意大利队与墨西哥队战平，那么克罗地亚队赢球就会淘汰意大利队，如果克罗地亚队打平就将因为净胜球少被淘汰，输就更不用说了。其三，如果意大利队输给墨西哥队，克罗地亚队打平，就足以出线，如果克罗地亚队也输了就要看两队谁输的球多，甚至如果厄瓜多尔队大胜，就可能挤掉意大利队和克罗地亚队。

## 两轮过后G小组形势表

| 位置 | 球队 | 积分 | 胜 | 平 | 负 | 进球 | 失球 | 净胜球 |
|------|------|------|----|----|----|------|------|--------|
| 1 | 墨西哥队 | 6 | 2 | 0 | 0 | 3 | 1 | +2 |
| 2 | 意大利队 | 3 | 1 | 0 | 1 | 3 | 2 | +1 |
| 3 | 克罗地亚队 | 3 | 1 | 0 | 1 | 2 | 2 | 0 |
| 4 | 厄瓜多尔队 | 0 | 0 | 0 | 2 | 1 | 4 | -3 |

墨西哥队上半场凭借博尔格蒂的头球以1比0领先意大利队，按照当时的比分，出线的将是墨西哥队和克罗地亚队。但是下半场一开始，厄瓜多尔队就以1比0领先克罗地亚队，如果这个比分保持到终场，意大利队将和克罗地亚队及厄瓜多尔队同积3分，凭借净胜球出线（0：-1：-2）。

如果厄瓜多尔队再进2球，3比0击败克罗地亚队，净胜球将追平意大利队（0：0），但进球数将超过意大利队（4：3），可以神奇出线。皮耶罗进球为意大利队追平，彻底扼杀了厄瓜多尔队的最后希望。当然，此球让克罗地亚队即使在最后时刻追平也无法出线。

最终，厄瓜多尔队以1比0击败克罗地亚队，墨西哥队和意大利队实际上已经携手小组出线。意大利队如果赢就是小组第一，其他结果都是小组第二，所以最后时刻双方打了几分钟"和平球"，这一度引发场内球迷的不满。

赛后意大利队球员奔走庆祝，就像夺得世界杯一样激动。大家确实没想到，基本没有出线希望的厄瓜多尔队竟然能击败克罗地亚队。意大利人之前已做好了必须击败墨西哥队的准备，好在厄瓜多尔队送来了意外之喜。

皮耶罗的进球在意大利国内引发轩然大波。尤文图斯俱乐部大力造势，总经理莫吉高调表示："皮耶罗这样的球员怎能放在替补席上？特拉帕托尼要好好考虑一下了。"媒体各大标题都是"皮耶罗的金头"之类，这让特拉帕托尼终于做出决定，给了皮耶罗本届世界杯上第一个首发位置，与维耶里和托蒂组成三叉戟出战韩国。

更重要的是，皮耶罗的位置将提前到锋线，而不是在中场。此前特拉帕托尼尝试过用皮耶罗打中场，但这应尤文图斯10号队员隐晦表示："我接受，但这不是我的位置。"

一切顺理成章，可意大利队偏偏遇到的是韩国队，像四年前一样，再次遭遇世界杯东道主。意大利队本来就受尽裁判欺负，这场比赛，他们即将真正感受到"黑哨"的威力。

## 被裁判杀死

小组赛中，意大利队一共被取消了4个进球。特别是对克罗地亚队一战，维耶里的进球明明没有越位，而因扎吉最后时刻的破门也并没有对克罗地亚队后卫犯规在先。这两次判罚，英格兰主裁波尔都是在第二助理裁判丹麦人拉尔森的帮助下完成的，而这位拉尔森被意大利媒体翻出老底——他在2000年欧洲杯决赛就是边裁之一。事后，拉尔森对自己对维耶里进球的误判进行了道歉，但依然坚持因扎吉犯规在先。特拉帕托尼怒道："我们在比赛中能接受一切，但不包括这些错误。"

如果说小组赛四个进球被取消，大多还是主裁和边裁的"技术错误"，那么与韩国队一战，就已经不是"技术错误"可以解释的了。这里我们要隆重介绍厄瓜多尔裁判莫雷诺，如果说意大利队小组赛出线得感谢厄瓜多尔人，但出了小组赛就被另一个厄瓜多尔人送回家了。

1/8决赛时意大利队的对手是东道主韩国队，红色浪潮似乎要将那一抹天蓝色吞噬，当地媒体也非常乐观，认定韩国队可以淘汰意大利队。很多球迷在球场中打出"1966 again"的标语——1966年英格兰世界杯，朝鲜队曾经以1比0击败意大利队，让意大利队折戟于小组赛。

比赛开始4分钟就出现高潮，帕努奇在禁区内与薛琦铉纠缠并摔倒，当值主裁判莫雷诺果断判罚点球。意大利人傻眼了，这动作不大，而且这么早就吹点球，未免太严苛。效力意甲球队佩鲁贾的前锋安贞焕踢出的点球角度很刁，仍被布冯精准判断，单手托出。可以想象，如果没有加时赛的那个头球，安贞焕会被国人的口水淹没。

比赛中，韩国队员很明显掌握了裁判的判罚尺度，充分利用着各种身体冲撞。皮耶罗被肘击、赞布罗塔被踹大腿根，裁判都没有任何表示。而看台上的欢呼声和助威声一浪高过一浪，这时让全场"静音"的是维耶里。第17分钟，托蒂主罚角球，维耶里前点头球轰门，比分为1比0。进球后，维耶里将食指举起放在嘴边，意大利人受够了喧嚣的韩国人。

虽说有裁判因素，但必须承认，韩国队踢得非常好，几乎将意大利队困在禁区里围攻，整场比赛韩国队射门高达12次，射正就有8次。而且意大利队阵容并不整齐，内斯塔伤愈复出，与墨西哥队比赛之后因脚伤无法坚持上场，特拉帕托尼只得放弃他。卡纳瓦罗也累积两张黄牌而停赛，所以特拉帕托尼决定把"3412"阵型变成"4312"，尤利亚诺出场与马尔蒂尼打中卫。马特拉齐在对克罗地亚队比赛中失误后，被媒体批评得失去了平静，如果善于头球的他能出场，也许故事就不是接下去那样了。

时间一分一秒过去，意大利队眼看胜券在握，结果又一个"维尔托德"出现了。第88分钟,帕努奇在解围时没有踢远足球,薛琦铉一脚将球抽入大门死角,比分变为1比1。1分钟后,托马西下底传中,维耶里本有机会打空门得手,结果那球打了空气。又是悲剧的1比1,又是悲剧的加时赛,再加上一个该死的裁判……

## 加时赛,红牌,金球,意大利队回家了

第104分钟,托蒂突入禁区,与宋钟国碰撞后倒地,主裁判莫雷诺毫不犹豫,给了托蒂第二张黄牌。愤怒的特拉帕托尼在教练席上一脚踢飞水瓶,场上的意大利队球员无法相信判罚的标准竟然如此出格。此球不判点球勉强能接受,属于双方有身体接触,但判托蒂假摔未免太夸张了。

还没完,第111分钟,接维耶里妙传,托马西反越位已经趟过门将,越位的哨声却响了,比起之前的判罚,这算是正常得多的"技术性错误"。这位莫雷诺一下子成了意大利球迷的敌人。后来,意大利某电视台还请他去做节目,临时加戏给莫雷诺浇了一头凉水,让国人好好泄愤了一下。

10人的意大利队只想着将比赛拖入点球大战,因为他们拥有托尔多,拥有布冯。而韩国人的体能占据绝对优势,形成围攻之势。噩梦终于来临,第117分钟,李荣杓传中,安贞焕高高跃起,压住马尔蒂尼,甚至有足够的滞空时间将足球顶入布冯无法

扑救的死角。

在沸腾的红色庆祝浪潮中，马尔蒂尼和布冯痛苦地倒在地上，意大利人回家了。而安贞焕当时正是效力意甲，佩鲁贾老板高奇很快公开表态："要拒绝支付安贞焕的工资……"当然这只是气话，想想特雷泽盖在2000年踢入金球后还加盟了尤文图斯，且深受球迷喜爱。

意大利球迷不接受安贞焕，主要是韩国队赢得胜利的方式太不讨喜了。安贞焕是佩鲁贾租借来的，高奇在说了气话后，依然决定买断安贞焕，可安贞焕明白自己在意甲没什么前途，到处都是愤怒的意大利球迷，所以决定离开意甲。网上流传的佩鲁贾"怒开"安贞焕，实为失实报道。

被安贞焕压住的马尔蒂尼也成为意大利的另一大"罪人"，对墨西哥队时，博尔格蒂的头球也是在马尔蒂尼肩膀上顶入的。这位意大利队长的头球防空能力确实一般，帮助米兰称霸欧洲和世界时也是如此。他属于脚下技术出色的类型，所以需要内斯塔、卡纳瓦罗，甚至马特拉齐帮助。可惜那场对韩国队时，他身边只有一个尤利亚诺。不少媒体都在攻击马尔蒂尼，甚至还传出很多传言，"马尔蒂尼早就不行了，可国家队更衣室里没人敢换他"之类。

骄傲的马尔蒂尼就像他的父亲一样，也像佐夫一样，不能接受批评和嘲讽，果断宣布退出国家队。但是，他的126次出场已是意大利队的纪录，后来才被卡纳瓦罗和布冯超过。随后的2002—2003赛季，马尔蒂尼率领AC米兰举起欧洲冠军杯，之后他说了句："那些人可以闭嘴了吧？"

## 特帅坚持到欧洲杯后才离开

世界杯出局，而且是被韩国队淘汰，这虽然有极大的裁判因素，但特拉帕托尼在最后一战的变阵，以及没有征召巴乔、不使用皮耶罗等战术问题也被媒体批评，甚至其赛前洒圣水的举动也被拿出来调侃。不过，特拉帕托尼顶住了压力，没有像前两任主帅那样辞职了事，他说："我没有疯，我知道自己在做什么，我的一切决定都是深思熟虑的结果，我不会被你们（媒体）左右……"

特拉帕托尼带队继续向欧洲杯前进，但在2004年欧洲杯上，托蒂的"口水事件"、伊布的"惊天脚后跟"，以及最后斯堪的纳维亚半岛的默契球2比2，将5分意大利队做死。最后一轮小组赛之前，丹麦队、瑞典队都是1胜1平积4分，意大利队则是2平积2分。

最后一场面对保加利亚队，意大利队凭借佩罗塔和卡萨诺的进球2比1逆转获胜。正当第90分钟进球的卡萨诺兴奋地跑向教练席与队友们庆祝时，替补席上脸色发黑的队友们打出了2比2的手势，让卡萨诺大感不解。原来，第89分钟瑞典队扳平比分，丹麦队和瑞典队的比分为2比2，让两队积分也达到5分。根据三队间的交锋成绩，瑞典队和丹麦队携手出线。

　　这次的欧洲杯之旅，特拉帕托尼带领的国家队愈发没有生气，还是老一套的防守反击，尤其还爆发了一些更衣室问题，如托蒂备受优待等。特拉帕托尼没有召入吉拉迪诺，也成为媒体的攻击焦点。

　　老帅累了，是离开这个"永远无理"的位置的时候了。与足协的合同到期后，特拉帕托尼默默离开，意大利队进入里皮时代。从2004年到2006年，从2008年到2010年，里皮两次进入国家队创造了历史，带领国家队摘取了2006年的世界杯冠军，但也在2010年世界杯折戟小组赛。

# 十八、2006意甲天下

里皮，是伟大的教练，在意大利足球史上，他已经不仅仅是尤文图斯的教父，更是可以比肩贝阿尔佐特和波佐的世界冠军教头。里皮两次入主国家队，是除了波佐之外的第一人。

多纳多尼在2008年欧洲杯上表现中规中矩，八强战中点球惜败于后来的冠军西班牙队。意大利足协依然未与多纳多尼续约，这既是因为对其成绩不满，更是因为2006年冠军教头里皮的回归意愿。意大利足协深信2006年的成功可以复制到2010年。虽然意大利队在2010年南非世界杯上铩羽而归，成为法国队之后又一个卫冕冠军折戟小组赛的失败者，但有了2006年那座沉甸甸的奖杯，里皮两度执教国家队的四年已没有遗憾。

2006年里皮最大的成功之处，在于团结了一切可以团结的力量，将意大利队更衣室完全拧成一股绳。里皮极好地利用了球员们的怒气并激发他们的决心，将球员们从媒体的狂轰滥炸中挽救出来，将"电话门"的坏事变成了好事。当一个团队的注意力都集中在一个目标上，这个团队将非常可怕，更何况是一支本来就拥有夺冠实力的球队。

2006年意大利队的夺冠，在很多人眼中是个奇迹。因为震惊世界的"电话门"丑闻恰恰在世界杯前爆发，尤文图斯等豪门深陷其中。意大利国家队有多达5名尤文图斯球员。里皮更是在两年之前才离开尤文图斯。里皮儿子戴维的经纪公司也被认为与电话门主角"GEA"公司有很深的联系。"电话门"爆发后，意大利国家队的角色非常尴尬。最简单的例子是，这些尤文图斯球员都不知道自己下赛季是在意甲还是意乙踢球。这种被人当作骗子、同谋的感觉很不好。

## "电话门" or "莫吉门"

让我们先回顾一下"电话门"的前前后后。这次事件比起20世纪80年代初的"赌球门"更深刻地影响了意大利足球。因为这不是外部赌球、投注的丑闻，而是对意大利足球体制的一次大起底，这也让人们看到了意大利足球核心层面的闹剧。从成绩上看，尤文图斯降级后，国际米兰来了次五连冠，乃至2010年成就三冠王。准确点说，这是意大利足球资源重新洗牌的过程。

"电话门"其实更应该定义为"莫吉门"。尤文图斯总经理、转会之王、经理之王……享有无数头衔的卢恰诺·莫吉（Luciano Moggi）从1990年代后期开始，成为真正掌控亚平宁足球的经理人。

莫吉的偶像是曾经创造"大国际时代"、后来成为足协实权人物的阿洛迪。他甚至有机会超越后者。如果没有"电话门"爆发，莫吉很可能会成为2006年世界杯意大利队的领队。这是意大利足协副主席马齐尼的建议，而马齐尼就是莫吉在足协内部的合伙人。

莫吉的角色就是俱乐部高层、足球市场高层、足协高层之间的一个枢纽甚至是决策者。他在利用一个早就是意大利足球体制的"穹顶"，而且是用得最好、最狠的一个。

在"电话门"事件中，莫吉主要被定义了两条罪名：第一，操纵裁判。而且不是简单粗暴的接受行贿，而是真正掌握了裁判系统，成为裁判们必须讨好的上帝。第二，他所创立的GEA足球经纪公司非法垄断了足球转会市场。如强迫球员转会、强迫俱乐部卖人等，以此盈利。

让我们听听莫吉在"电话门"之后的自述："在一个人跌落前，似乎从来不屑于辟谣。我发现我犯了这样一个错误，总是对一些事情放任自流，因为我从'转会之王'的称呼中得到了太多满足感。我没有意识到，当我的一言一行乃至一个想法都成为媒体追逐的焦点时，这种神话性质的名字仅仅是制造了一个必须被打倒的怪兽。每一天都有更多被打倒的理由。我有过很多错误，但这是最严重的一个。因为自己的虚荣心，我让自己陷入了一场不能自拔的赌局，等我发现的时候已经太晚了。"

在意大利足坛，莫吉和裁判界的关系家喻户晓。知道内幕者很多，但是能够在司法上成立的证据却极少。有关莫吉和裁判的故事一直以"神话"形式存在。20世纪70年代莫吉在罗马时期爆出裁判丑闻，因为他在餐馆里与裁判们一起用餐时，恰好被对手阿斯科利俱乐部官员撞见。有了教训之后，莫吉越来越老练，加之他的关系网不断扩张，甚至可以直接电话遥控足协的裁判分配人。他拥有20多张瑞士电话卡，也经常给需要联系的裁判、官员发放特别电话卡。

自2004年开始，都灵检察院通过窃听电话，调查尤文图斯总经理莫吉与裁判分配人是否存在体育欺诈罪行。其实这是调查尤文图斯"药案"的额外收获。经过一年多的调查，都灵检察院在2005年9月21日向足协主席卡拉罗提交调查报告。体育欺诈罪名没有成立。但是2006年3月31日，都灵检察院将数百页窃听电话的记录提交给足协。足协主席卡拉罗傻眼了，他再也捂不住这个黑洞了，下令严查，事后也引咎辞职。虽然最终他洗清关系，可没参与不等于不知道。

在那几年，意甲裁判分配人有两个，分别是帕伊雷托和贝尔加莫。他们被莫吉戏称为"不可分割的一对"。职务上帕伊雷托高于贝尔加莫。分工上帕伊雷托主要负责欧洲赛事，意甲主要是由贝尔加莫管。贝尔加莫是莫吉的亲信，且帮助尤文图斯及其盟友。

帕伊雷托则"承接"所有豪门的特殊要求，这就是意大利足球的时局。所有豪门都要有人专门和裁判高层对接，以便能在规则的"越位线"附近为自己觅得利益。就算不能像莫吉那样真正掌控裁判，也要保证自己别被人害了。"电话门"中，AC米兰、拉齐奥和佛罗伦萨同样因"越位"受到处罚，而最近几年被公布的前国际米兰主席法切蒂与裁判们的对话也广泛流传。尤文图斯还试图证明国际米兰同样违规，只不过没被判越位而已。

## 莫吉如何掌控裁判

莫吉纵横意大利足坛数十年，在尤文图斯登峰造极。莫吉的精明之处在于他善于和记者乃至报社、电视台的重量级人物交朋友，懂得利用小恩小惠来打破职业行规。他送给电视7台老记者比斯卡尔迪名贵手表就是例子。而且莫吉善于使用"胡萝卜加大棒"的两手政策，即惩罚不听话的裁判，同时全力保护听话的裁判。

下面几个例子足以让人了解莫吉的强势。巴尔达斯是前裁判分配人，后来在比斯卡尔迪主持的"星期一审判"足球节目中担任慢镜头评论员（回放赛场的片段进行点评）。他从2004年起在节目里搞了一个类似驾驶执照记分的"裁判记分执照",根据裁判的表现给他们打分。莫吉经常在节目之前与巴尔达斯和比斯卡尔迪提前敲定裁判的分数。

2004年12月20日,莫吉给"星期一审判"主持人比斯卡尔迪打电话,谈论尤文图斯主场0比0平AC米兰的比赛。莫吉说:"(AC米兰的)两个点球,一个有,另一个没有。所以你不要太××。"比斯卡尔迪讨好说:"尤文图斯也该有一个点球。科斯塔库塔手球犯规。他的脚在外面,但身体在禁区……这个慢镜头只有我做了。"莫吉回答:"但别害了裁判。"比斯卡尔迪说:"贝尔蒂尼(裁判)?是,是。"莫吉点明:"要么说裁判有理,要么取消所有的慢镜头。"

2004年11月15日,尤文图斯对战卡利亚里之后,莫吉与"星期一审判"的巴尔达斯通话。巴尔达斯说:"听着,对卡利亚里比赛(过程中),有个80厘米的越位(漏判)。"莫吉说:"不,不,要拯救裁判。"巴尔达斯说:"但这起码是80厘米的越位,我们就把责任推卸给边裁吧。"

2005年1月17日,还是在尤文图斯对战卡利亚里之后,特雷泽盖越位进球。莫吉再次打电话给巴尔达斯,强调"要让裁判过关"。巴尔达斯说:"50厘米越位总是有的。"莫吉裁决:"那就让越位变成20厘米吧。"

2004年9月22日,尤文图斯客场3比0击败桑普多利亚。赛前主裁东达里尼知道自己的执法对象后,对裁判分配人帕伊雷托表示了感谢，"我会吹一场漂亮的比赛。"尤文图斯第一个球是点球。
"幸好摄像机认为我是正确的，总不能因为对手是强队就不给点球
吧？"东达里尼赛后向帕伊雷托报告情况如是说。

莫吉对自己不喜欢的裁判非常"狠"。他和贝尔加莫的一次对
话如下。贝尔加莫说："说实话，我本来想让通博利尼停赛1轮，因
为他错了（对尤文图斯不利），否则这帮人将永远不受惩罚。" 莫
吉借题发挥道："我也有人要打压，不是吗？比如说，如果你不惩
罚科利纳和罗塞蒂，其他人不会听话。"贝尔加莫答："对，是这
样。"莫吉说："否则其他人会说，既然他们可以做（不给尤文图
斯便利），我们也可以做。"

最出名的一个故事是，2004年11月6日，雷吉纳主场2比1小胜
尤文图斯。赛后莫吉和董事长吉拉乌多进入裁判更衣室，将帕帕
雷斯塔、边裁科佩利和迪毛罗反锁在里面。裁判委员会观察员英
加尔乔拉事后给裁判委员会主席拉内塞打电话汇报："不得了，我
一辈子从未见过这事。莫吉用手指着帕帕雷斯塔的鼻子威胁说，
'你是丑闻，怎么可能不判点球给我们。你从未给我们带来运
气，但你至少要一如既往……'莫吉要我守口如瓶。我说我什么
也没看到，什么也没听到，这是你们的事情。"拉内塞赞许道：
"好，你做得对。"

4天后，莫吉与拉内塞通话。拉内塞说："我都知道了，不要
对我说了。观察员是我的朋友。他告诉我现场的情况，并说自己不

知道怎么办。我对他说，'你不在场，能怎么办呢？'。我说得对吗？"几天后吉拉乌多余怒未消，在给莫吉的电话中说："我看应该屠杀他们，然后让他们停赛2个月……"

事实上阿涅利家族内部对莫吉、吉拉乌多的很多超常规做法不可能不知情，同时也极为了解意大利足坛内部对尤文图斯管理层的抵触。他们尤其担心这在长远方面连累尤文图斯的名声。老阿涅利外孙拉波·埃尔坎多次公开抨击尤文图斯管理层就是证明。

借着"电话门"事件，尤文图斯将莫吉这个毒瘤割了下去，不过其自身也受到巨大损失。有人说，莫吉不是为尤文图斯做贡献了吗？其实，更应该说莫吉利用了尤文图斯这个平台。2006年年初莫吉与AC米兰老板贝卢斯科尼见面。有说法是他准备来米兰顶替加利亚尼，但后来不了了之。随后他准备进军足协，这也说明莫吉的着眼点绝不仅仅是尤文图斯。

随着电话记录一份份被曝以及检察院调查的深入，莫吉跌入深渊，直到今天还面临那不勒斯地方检察院的刑事诉讼。其他陷入电话门的豪门也受到了不小影响，AC米兰差点就因为扣分打不了欧冠。最关键的是，国际米兰利用了这次旧势力倒台的机会成功崛起。

## "电话门"审判及上诉后的最终结果

| 球队 | 检察院起诉 | 一审 | 二审 | 奥委会仲裁 |
|---|---|---|---|---|
| 尤文图斯 | 乙级,-6分 | 乙级,-30分 | 乙级,-17分 | 乙级,-9分 |
| AC米兰 | 乙级,-3分 | 甲级,-15分 | 甲级,-8分 | 甲级,-8分 |
| 佛罗伦萨 | 乙级,-15分 | 乙级,-15分 | 甲级,-19分 | 甲级,-15分 |
| 拉齐奥 | 乙级,-15分 | 乙级,-7分 | 甲级,-11分 | 甲级,-3分 |

# 更衣室不谈"电话门"

这些审判都是在世界杯之后做出的。而对于出征德国世界杯的意大利队来说,外界的喧闹无以复加。各种批评声、怀疑声袭向尤文图斯情愫浓厚的国家队。甚至一度在球队更衣室里也产生问题。幸好里皮成功地将"电话门"话题赶出更衣室。他说:"我们这里永远不谈足球场外的东西,现在是时候为我们的尊严战斗了。"

除了里皮与队长卡纳瓦罗日常回答媒体问题,其他人一概沉默。足协新闻办公室命令:只谈足球话题,不谈其他话题。媒体们也算识相,没有过多围剿。也幸亏当时没有如今这样发达的社交网络。意大利队员只要不看报纸,不看国内电视,就能清静些。

不得不说,如果不是里皮这位非常善于调动更衣室情绪、非常善于把握球员心理的大师,意大利队几乎就掉入深渊。2006年世界杯,意大利队夺杯不光靠战术、技术。他们是一个整体,是一个为了赢得胜利愿意付出一切的整体。里皮两度执教尤文图斯，技战术上没有划时代的发明，但他的球队总是不屈不挠，充满强大的战斗欲望。

如今的尤文图斯主帅孔蒂，就是里皮最好的弟子。比起总在场边大吼大叫的孔蒂，里皮更愿意在更衣室里用一些经典的言语将球员调动起来。在动荡的大背景下，里皮的平静与沉稳给了球员们足够的信心。

阵容上，内斯塔和卡纳瓦罗的后防中坚让人放心，别忘了还有布冯。中场皮尔洛是AC米兰的战术大脑。他在国家队也能轻松掌控局势。整个大名单中，托蒂入选是里皮的一次赌博。因为在刚结束的意甲赛季中，托蒂有过重伤，不过里皮还是对托蒂充分信任，给了他10号球衣和主力位置。与上届一样，皮耶罗再次屈居7号，坐在替补席上。

锋线尖刀是托尼，他是当时佛罗伦萨的头号中锋。世界杯后的那个赛季，他打入31个联赛入球，成为第一个赢得欧洲金靴奖的意大利人，并成功转会拜仁慕尼黑。如今，他依然在意甲维罗纳不停歇地进球。

## 小组赛轻松出线

意大利队与加纳队、美国队和捷克队分在E组。当捷克队3比0

轻松击败美国队后，意大利队出战加纳队。加纳队曾四夺非洲国家杯，这是他们第一次出现在世界杯的舞台上。阿皮亚、埃辛、蒙塔里正值当打之年。

里皮排出4312的稳健阵型，托蒂支持锋线上的吉拉迪诺与托尼。托蒂与吉拉迪诺都险些改写比分，建功的却是皮尔洛。第40分钟，他在禁区边缘一脚完美的弧线球，钻入大门右下死角，1比0。这是皮尔洛的第一届世界杯和第一个世界杯进球。皮尔洛是这届比赛的最佳中场，进球只是他的副业。他在组织进攻上的大局观和精准调度让人瞠目结舌。

很多人说，必须感谢鲁伊·科斯塔和安切洛蒂。如果不是葡萄牙球星在AC米兰占据前腰位置，安切洛蒂也不会进行足球史上最伟大的发明：将皮尔洛后撤，把他从前腰改造成后腰。实际上，皮尔洛2001年在布雷西亚队就打了一阵后腰。当时布雷西亚队前场有巴乔，于是老帅马佐尼尝试让皮尔洛后撤。安切洛蒂只不过是更彻底地将皮尔洛改造，而且传授了不少自己当年的攻防经验，把皮尔洛变形得更成功。这次改造，让意大利足球受益十多年。尔后意大利队的成功与失败，与皮尔洛有直接关联。

对加纳队的下半场，托尼有一脚力扛后卫的凌空扫射击中横梁。足球弹下后虽然没有飞入大门，但可以看出意大利队攻势越来越猛。赛前所有的质疑和嘲笑正在远去，人们发现这支蓝军充满了怒火和战斗力。里皮适时地加了点柴火，看看三个换人吧：卡莫拉内西、亚昆塔和皮耶罗对位换下前场的三叉戟。

要知道，在意大利足球哲学中，领先时必须"保"。但里皮继续在锋线上调兵遣将，展现了必胜的决心。第83分钟，皮尔洛后场长传，库福尔回防失误，亚昆塔断球单刀，冷静地趟过门将，把比分改写为2比0。这是在意大利国家队历史上由乌迪内斯球员攻入的第一个球。"平民因扎吉"进球了，看得替补席上的因扎吉心痒痒。但在那支国家队里，个人利益都被无限缩小了。

小组赛第二轮，加纳队2比0完胜捷克队，这让小组形势变得复杂，而意大利队也没有拿下美国队。里皮没有进行人员调整，开局也很顺利。第22分钟，皮尔洛右侧开出任意球，吉拉迪诺门前头球攻门，1比0。进球后，吉拉迪诺优雅地在场边"拉起小提琴"，这一庆祝动作也成为世界杯经典之一。

但是5分钟后，意大利队的防守忙中出错。右后卫扎卡尔多踢入一个乌龙球，此球是这届世界杯上意大利队丢掉的唯一运动战进球。另一个失球就是决赛中齐达内的点球。意大利队的麻烦还没有结束。第28分钟，德罗西在争球中肘击麦克布莱德，被主裁判拉里昂达红牌罚下。

事后电视法官追加判罚，罚德罗西停赛四场，也就是说除非意大利队打进决赛，否则德罗西的世界杯之旅就已经结束了。德罗西是里皮国家队中最年轻的一个，当时仅有23岁。赛后不少媒体批评了德罗西的莽撞，陷球队于被动。但里皮坚决地保护了德罗西，

"我们要杀入决赛，再给德罗西第二次机会。"

这位德罗西到了今天依然"战斗力过剩"。2013—2014赛季对国际米兰的一场比赛上，他又一次拳击对手，被电视法官禁赛，因此被国家队主帅普兰德利排除在国家队大名单之外。这是他第四次因违规被国家队除名。

1比1的比分，10人打11人，里皮无奈进行调整。加图索换下托蒂，以加强中后场防守。如果真让美国队逆转比分，那小组形势将太复杂了，意大利队很可能在最后一轮无法掌握自己的命运。不过，美国人也没有把握住人数优势，随后连吃两张红牌，场上形成了9人打10人的窘境。美国人第二张红牌出现后，里皮立即用皮耶罗换下后卫扎卡尔多，果断地加强进攻兵力。

里皮的临场指挥艺术，直到今天依然为中国球迷津津乐道。可惜1比1的比分没能改写，但只要意大利队最后一轮不大比分输给捷克队，小组出线就没有太大问题。媒体的批评声音不断，尤其是对里皮重用德罗西的事揪着不放。对此国家队没有做出任何回应。"电话门"事件后，国家队饱受洗礼，所以对于外界对他们技战术上的批评已经不在乎了。

对捷克队一战，里皮对阵容作了调整，从4312变成4231。"阿根廷雇佣兵"卡莫拉内西出现在首发阵容中顶替德罗西，与托蒂和佩罗塔组成"3"。托尼休战，只有吉拉迪诺一人顶在前面。

本场的转折点在第17分钟。内斯塔连续第三届在世界杯小组赛中受伤，延续着魔咒。内斯塔向天怒吼的样子让人心酸。就像2002年一样，顶替内斯塔的是马特拉齐。不过与2002年不一样的是，这次马特拉齐上场后没有再成为丢球的罪魁祸首，反而成为进球功臣。第30分钟，托蒂角球开出，马特拉齐头球打破僵局。这位来自国际米兰的性格后卫，在此后的比赛中成为意大利队的重要"因子"。32岁的他此前可没有成为主角的觉悟，但未来三周将彻底改变足球历史和他自己的人生。

1比0领先后，意大利队进攻势头不减。要不是捷克队门神切赫左扑右挡，比分早就改写了。捷克队的波拉克也因蹬踏卡莫拉内西被红牌罚下。下半场因扎吉顶替吉拉迪诺出场，这是他在本届世界杯上的首次亮相，也是他出战的第三届世界杯。可惜的是，这位超级射手始终没有在国家队舞台上有过太出彩的表现。

终场前4分钟，因扎吉接到佩罗塔的助攻，踢入了自己世界杯的第一个也是唯一进球。那个进球格外特别。捷克队中场丢球后，佩罗塔直传，因扎吉一路带球到门前，意大利队三名球员对抗切赫一人，捷克人已经放弃回追。身旁的队友巴罗内一个劲伸手要球，但"超级PIPPO"（因扎吉）认球不认人，用标准的趟球过人的动作，将足球打入空门。后来球迷们戏称，这球是因扎吉职业生涯中进球前连续带球时间最长的一次。因扎吉以门前嗅觉闻名，他不善带球这一点与抢点能力出众同样出名。

## 伟大的左后卫诞生

2胜1平，意大利队轻松出线，而且是小组第一，避开了F组头名巴西队，将遭遇F组第二名澳大利亚队。如果击败本届世界杯最大黑马澳大利亚队，意大利队的1/4决赛对手将是瑞士队和乌克兰两队中的胜者。意大利人突然发现前途一片光明。也许就是这种稍微的松懈，让意大利队的前进道路充满了荆棘。

由于托蒂在此前三场小组赛中没有太过惊艳的表现，里皮决定让"罗马王子"休息一下。皮耶罗得到首发位置，与吉拉迪诺和托尼组成三叉戟。上半场意大利队创造了4个必进球的机会，可惜都没有把握住。澳大利亚队顽强抵抗着，等待着机会。

下半场刚开场，获得主力中卫位置的马特拉齐在禁区边上铲倒布雷西亚诺。西班牙主裁直接出示了红牌。这脚铲球是冲着足球去的，而且铲到了队友赞布罗塔脚上。"我到今天也没有明白那个动作为何给红牌。"马特拉齐回忆说，"不过如果那张红牌预示着后面的所有，我倒愿意接受。"

注意，澳大利亚队教练席上坐着的是希丁克，四年前正是这位主帅率领韩国队在1/8决赛中淘汰了意大利队，这让意大利人开始心惊肉跳。里皮用中卫巴尔扎利换下前锋托尼，保证防守人数。但里皮没有放弃取胜的想法，随后用托蒂换下了皮耶罗。澳大利亚队猛攻了一阵后，发现意大利队这条防线太强悍了，根本没有给澳大利亚人机会。

比赛打到最后一刻，也许澳大利亚人已经开始盘算加时赛甚至点球爆冷以创造国家队历史了，这时"伟大的左后卫"格罗索横空出世。第93分钟，托蒂中场大脚斜传，左后卫格罗索高速套边插上、切入禁区，他被澳大利亚队后卫尼尔绊倒后被判点球，格罗索跪地庆祝。说实话，这位巴勒莫的小字辈入选国家队，还能打上主力位置，并非所有人都能接受这一事实。但是这一次突破制造点球以及半决赛对德国队的那一球改变了他的职业生涯轨迹。中国球迷也因为当时央视主播黄健翔"激情澎湃"的解说记住了格罗索。

里皮示意大家冷静，不要激动。点球还没进，比赛还没完。托蒂走上点球点，这将是常规比赛的最后一次触球。里皮紧张得双手抱头，替补队员们跪在草皮上祈祷着，不少球迷转过身去期待着同伴的欢呼。托蒂没有让人失望，一脚爆射，完全的死角，门将扑救对了方向也无能为力，1比0。托蒂吸吮拇指做奶嘴状庆祝的动作早就被罗马球迷熟悉，这次终于在世界杯上呈现出来。意大利队绝杀澳大利亚队，杀入8强。

除了一些运气因素，我们必须佩服意大利队的防守能力。处变不惊的态度更凸显了这支球队的气质。竞争对手们开始警惕。国内的球迷和媒体开始为国家队自豪、叫好。"电话门"丑闻的声音渐渐沉默下去。这时全意大利人都朝向一个目标：击败乌克兰队，杀入半决赛。然后，当然是捧得金杯。

## 淘汰德国人，靠的是防守艺术

在之前6个进球中，意大利队的前锋们进了3个，但9号托尼始终没有开斋。1/4决赛对乌克兰队，重返主力阵容的托尼帮助球队赢得了胜利。对阵舍甫琴科的球队，意大利队并没有遇到太多困难，因为意大利队的后卫们太熟悉"核弹头"了。开场6分钟，赞布罗塔的远射就洞穿乌克兰队大门，托尼则在第59分钟和第69分钟连下两城。

此后乌克兰队大举进攻，却发现他们面前的不是人墙，而是真正的城墙。布冯神勇扑救，卡纳瓦罗精准卡位，就连替补的替补巴尔扎利都能门线救险。乌克兰主帅布洛欣双手捂脸。难以置信，意大利队以3比0完胜。乌克兰队能进8强也算创造了历史。前AC米兰传奇射手舍甫琴科后来回忆说："我为我的意大利兄弟们加油，我希望乌克兰队是被最后的冠军淘汰的。"

意大利队面前，是刚刚淘汰强大的阿根廷队杀入四强的东道主德国队。德国队上一次在本土举办世界杯还是1974年。那一年他们夺得了最后冠军。在德国人眼中，意大利队是他们创造历史道路上的垫脚石。不过他们也很清楚，这支意大利队的强大毋庸置疑。世界杯前，意大利队在热身赛中击败过两支传统豪门，3比1胜荷兰队和4比1大胜德国队。尤其是在对德国队的友谊赛上，意大利队的战术、整体控制力让克林斯曼的球队毫无办法。德国人希望，到了正式比赛时，一切会变得不一样。

比赛进行得非常胶着。双方都创造出一些机会，却都没有把握住。里皮思路很明确，以守为主来消耗德国队的能量。毕竟之前德国队刚跟阿根廷队打完120分钟和点球大战，体能上吃亏一些。到了下半场，里皮更加勇敢，用前锋亚昆塔换下中场卡莫拉内西，继续加强进攻。

真正让德国人头痛的是意大利队的防守。随着赛事的进行，这条防线虽然缺少了内斯塔，但配合日趋完美，尤其是加图索等中场有力保护了后防，在门将布冯身前建立起两条牢固的防线。

德国队各种进攻都很难威胁到布冯。赛后德国媒体感叹："意大利人将防守演绎出了艺术感和美感。"卡纳瓦罗能成为当年的金球奖和世界足球先生双料得主，这场对德国队的比赛是他最好的宣传片。其实意大利人并不保守，他们也崇尚进攻和漂亮足球。可在很多关键比赛中，意大利队更愿意发挥防守上的长处来遏制对手。

在多特蒙德的威斯特法伦球场，这场攻防大战刺激着德国球迷的心脏。那6万多人的嘘声没有让意大利人倒下，毕竟"电话门"让意大利人已经被嘘得够多了。

常规时间比分为0比0，又是加时赛。意大利球迷难免要想到四年前韩日世界杯上安贞焕的金球，虽然这时金球规则已经取消。德国队体能下降，整体开始松动。受够了的意大利人开始反攻，吉拉迪诺的门柱、赞布罗塔的横梁都让德国球迷越发有不祥的预感。而里皮也感觉到德国队顶不住了，用皮耶罗替下中场佩罗塔，向球队传递"继续进攻"的信息。

比赛接近尾声，德国人准备喘口气，开始点球大战。意大利队在1990年、1994年、1998年世界杯上都输在点球大战上。德国人充分相信自己的点球能力，至少他们认为自己的心理素质要强于意大利人。

可是，意大利队没有将比赛带入点球大战。第119分钟，格罗索接到皮尔洛妙传，以他的金左脚迎球搓起一道死亡弧线，莱曼鞭长莫及，使比分变为1比0。"我们去柏林了！"意大利国家电视台的解说疯狂地叫喊着。格罗索也凭借世界杯的表现鲤鱼跃龙门，在世界杯后相继效力国际米兰、里昂和尤文图斯。

仅仅两分钟过后，当德国人还期待最后的奇迹时，皮耶罗封喉一剑，在"皮耶罗区域"打入2比0的精彩入球。所谓"皮耶罗区域"，是皮耶罗经常能在大禁区左侧区域以弧线球攻破远角。巅峰期的皮耶罗，可以利用娴熟的技术随心所欲地从左肋突破对手，经常打出令对手猝不及防的射门。1995年12月欧冠对阵多特蒙德，就是在这块球场。当时，皮耶罗左肋部突破后右脚挂远角破门，打入自己欧冠第一个进球，开启了"皮耶罗区域"。11年后，同样在威斯法伦球场同一侧的球门，皮耶罗再次贡献弧线球。

皮耶罗在意大利队一直是个悲情人物，开始和巴乔争10号，争到10号却表现不佳，之后又被托蒂比了下去。虽然皮耶罗在俱乐部成就很高，但对国家队的贡献不算多。32岁的皮耶罗也清楚，2006年很可能是自己最后一届世界杯了。这样一个锦上添花的进球，对皮耶罗来说却是一个完美的句号。全景回放这个进球时不难发现，当托蒂后场得球传给前场的吉拉迪诺时，皮耶罗还在托蒂身后。但在吉拉迪诺聪明地护球、巧妙地向禁区内做球时，皮耶罗已经全速奔跑了大半个场地杀入"皮耶罗区域"。谁也无法阻挡这位"斑马王子"对进球的渴望了。皮耶罗冲刺了80米，然后一次触球，把比分改写为2比0。

就这样，带着全德国人的泪水，意大利队时隔12年再次闯入世界杯决赛。德国总理默克尔在看台上鼓掌，不仅是给本国球员，也是送给表现更出色的意大利队。

## 齐达内是主角，马特拉齐是配角

另一场半决赛，依靠齐达内的点球，法国队淘汰了葡萄牙队。而"齐达内"和"点球"将是2006年7月9日柏林决赛的真正主角，配角则是马特拉齐。

比赛刚开始7分钟，法国队长传进攻。马卢达停球杀入禁区后，被马特拉齐轻轻碰了一下，立刻倒地。当时马特拉齐已经在收脚了，可马卢达太聪明了，所以主裁的点球判罚也符合规则。"我当时很想哭，那是刚刚开场，我感觉命运在捉弄我和同伴们。"马特拉齐对那场决赛的回忆永远是滔滔不绝，当然因为他是胜利者。

马特拉齐在抗议，但其他意大利球员出奇平静。布冯将足球交给主裁，他点点头，等待着齐达内的挑战。齐达内走上点球点，为了击败世界最佳门将布冯，他必须做一些特别的选择。一个打向中路的"大号勺子"，撞向横梁下沿弹入网窝，比分变为1比0。进球与不进，仅仅是1厘米的距离。这不由得让人想起2000年欧洲杯对荷兰队半决赛的点球大战中，托蒂那脚勺子，就是为了打击对手士气。齐达内肯定也有这种心思。

可是意大利队这帮家伙，世界杯前憋了一肚子气，在世界杯上终于找到发泄口，怎会被轻易打倒？尤其是马特拉齐，他不想再被人骂作世界杯罪人。里皮在场边给队员们鼓劲，加图索也在场上"咆哮"着。世界杯上的第一次落后，反而激发了意大利队的斗志。

第19分钟，皮尔洛开出角球。马特拉齐就像火箭一样升空，就像卫星一样挂在空中，生生地将1.94米的维埃拉压在身下，那愤怒的一头，将足球撞入巴特斯把守的大门。马特拉齐双手指向天空，那是上帝的所在。这届世界杯，马特拉齐确实是被上帝罩着的。世界杯开始前，他仅仅是个边缘人物，如今已是真正的主角。意大利队士气大振，又是皮尔洛的角球，又是中路的头球，大个子托尼的头球却顶在了横梁上。

下半场法国队开始注重小范围的传接配合，利用技术优势将场上主动权重新控制在手中。齐达内就像一个舞者，在意大利队禁区前起舞。再加上亨利的带球突破，卡纳瓦罗们只能咬牙坚守。比赛愈发胶着，终于进入加时赛。

人们都还记得1998年世界杯决赛上齐达内的头球梅开二度。这一次的加时赛里，齐达内的头球差点又改写了历史，可惜被布冯单手神奇扑出。这堪称布冯职业生涯最佳、最重要的一次扑救。接下来，齐达内的头用错了地方。

第110分钟，意大利队后场成功防守，足球已经飞向法国队半场。可是齐达内与贴身防守的马特拉齐开始了足球历史上最神秘的一次"对话"。也许再过几十年，主角们才会将卷宗公布。总之，齐达内给出了最激烈的"回答"——一头顶翻马特拉齐，这在他的世界杯、国家队乃至职业生涯画上了污点句号。头顶这一幕，在2012年被艺术家阿贝德赛梅创作为雕塑，甚至在巴黎展出。此后有几次在公共场合与马特拉齐相遇，齐达内都将这个仇人视为空气，高傲的齐达内自然不屑于与眼中的流氓、低等球员握手言和。

10人打11人，法国队成功守住了平局。点球大战不可避免。从1986年世界杯开始，无论是在世界杯还是欧洲杯，法国队的确不怕意大利队。但是这一次，齐达内的一头似乎将法国全队的思绪顶乱，也让意大利人更清楚地看到了金杯何在——它就在齐达内离场时的落寞背影旁。

# 点球冠军，改写命运

齐达内是当之无愧的法国第一点球手，可惜他已不在场上。其实，法国队点球大战的表现已经不错了，只有第二个出场的特雷泽盖罚丢点球，或许他是为6年前的欧洲杯金球还债。维尔托德、阿比达尔和萨尼奥尔都罚中点球。但法国队第五个点球手还没露面，比赛就结束了。因为意大利队这次点球竟然全中，这足以看出意大利球员在决赛巅峰时刻内心的平静和沉稳。

日日夜夜追寻的荣耀与梦想，最后却依靠点球来角逐，1994年的巴乔和巴雷西诠释了这种"残酷"。但是2006年的柏林，胜利属于意大利人。皮尔洛第一个主罚，和齐达内一样是勺子，而且球更完美地入网，打击了法国队的士气。后来2012年欧洲杯1/4决赛的点球决战，皮尔洛对英格兰队门将哈特又来了个勺子，激励意大利队再次胜出。

意大利队第二个射点球的人引来半场嘘声，他就是马特拉齐。完美射入点球后，马特拉齐真正成了这届世界杯上意大利队进球最多的家伙。两个运动战进球和一个点球大战点球，进球超过托尼。马特拉齐的世界杯传奇即将迎来完美的收官：替补、头球、红牌、送点球、扳平头球、激怒齐达内、射入点球……马特拉齐真是全才。

特雷泽盖的点球击中横梁，这就是胜负点了。意大利队第三个主罚的竟然是德罗西。里皮说到做到，在决赛里等着禁赛四场的德罗西。德罗西替换托蒂出场，点球一击命中，和特雷泽盖类似的位置，却钻入网窝。皮耶罗的点球一如既往的稳定，没有疑问。决胜的第五个点球，主罚者是除马特拉齐外本届世界杯意大利队最大的收获——格罗索。可以用来赢得世界杯的皮球，就在格罗索面前。一名巴勒莫球员决定世界杯的输赢，想想都怪异，但梦想就这样实现了——助跑，左脚，大门右上死角……

比赛结束了，意大利队是冠军，第四次赢得世界冠军。"电话门"审判呢？管他呢，先庆祝。里皮赢得了一切，意大利队赢得了一切，而他们在大赛前还被称为"骗子"。2006年的胜利，不像1982年靠罗西的异军突起，这次夺冠完全是团队的胜利。如果非要说出一个主角，那就是马特拉齐——一个小人物的逆袭。

# 后记　里皮走下神坛

2006年世界杯意大利夺冠，一切庆典过后，国家队主帅里皮递交了辞呈，因为他不喜欢有人拿他的尤文图斯以及儿子戴维的经纪公司来做文章。里皮说："其实我后来后悔了，我和小伙子们原本有机会继续为欧洲杯以及2010年世界杯做好充足的准备，我们应该制订出一套完整的计划，但在当时的环境下，我已经无法执教。"里皮远离了足球圈，在维亚莱乔的海边享受着喧嚣过后难得的宁静，直到2008年欧洲杯后。

带意大利队出征2008年欧洲杯的是多纳多尼。其实多纳多尼在欧洲杯前就听到风声——无论成绩如何，国家队主帅的位置都会还给里皮。在2008年欧洲杯上，意大利队小组赛曾被荷兰队3比0血洗，这场失败注定要多纳多尼下课。凭借对罗马尼亚队的平局和对法国队的2比0获胜，意大利队虽然小组出线，但八强战面对最后冠军西班牙队时，意大利队又倒在了点球大战中。德罗西和迪纳塔莱射失点球。欧洲杯后，里皮二进宫意大利队，其目标自然是卫冕世界杯。

开局不错！2008年11月21日意大利队客场逼平希腊队后，里皮书写了31场国家队不败的意大利纪录（从2004年10月9日0比1负于斯洛文尼亚队开始），超过传奇教练波佐，追平世界纪录（阿根廷主帅巴西莱和西班牙主帅克莱门特）。

2009年2月11日，里皮遭遇了一场转折性失败。在伦敦举行的友谊赛中，五星巴西队2比0完胜四星意大利队。在这场号称"世界德比"的比赛中，巴西队展现了其对意大利队的绝对优势。他们的技战术和个人能力都让意大利人自叹不如。里皮赛后略有些不服气，说："比起失去纪录，我更想再次赢得世界冠军。如今巴西队比我们强，但一年之后就不一定了。"

里皮的愿望落空了，意大利队的成绩和能力都直线下滑。2009年南非联合会杯上，意大利队小组赛就被淘汰。第一场3比1有惊无险击败美国队；第二场爆冷被埃及队1比0击败；第三场出线形势不错，但又一次被巴西队毫无悬念地击败，0比3，这可是里皮在任期间输掉的最大比分。更关键的是，意大利队本场一球没进，因进球数少于美国队被淘汰。而美国队后来继续书写奇迹，半决赛2比0击败西班牙队，决赛2比3惜败巴西队。

两次对巴西队的完败，正蚕食着世界冠军的自信。那几年，亚平宁足坛被国际米兰统治，可国际米兰队内国脚寥寥。本土球员的资源也在渐渐耗尽。看看里皮最后的世界杯大名单吧！除了2006年的功臣外，额外增加的无非是迪纳塔莱、佩佩、夸利亚雷拉、博凯蒂、帕隆博这些只在意大利排得上号的人物。

"里皮二世"国家队的最大问题还是心态失衡，这也是意大利民族的特点——一旦高高在上，就容易摔得很惨。卫冕世界杯太不容易了！实力不行，心态失衡，加上里皮也想玩玩新鲜的433全攻战术，这一切致使意大利队迷失在卫冕路上。再加上布冯和皮尔洛重伤缺席，意大利队在2010年世界杯上遭遇了最惨痛的失利。

小组赛意大利队首战1比1战平巴拉圭队，然后0比0被一年前还5比1大胜过的新西兰队逼平，意大利队失去了小组先机。最后一轮面对斯洛伐克队非胜不可，可思路已经有些混乱的意大利队，很快就0比2落后。迪纳塔莱扳回一城后，斯洛伐克队又很快将比分改写为3比1。意大利队大势已去，夸利亚雷拉的2比3进球连面子都挽不回来。2负1平，意大利队最差的世界杯小组赛成绩就此诞生。看着卡纳瓦罗默默远去的背影，我们明白：一个时代结束了。

里皮其实也明白，自己也许不该重新开始这个"时代"，说道："我承担所有责任。"里皮辞去了国家队主帅一职，又休息了两年，才来到中超恒大。

虽然前文简单讲述了意大利队2010年的惨败，但是我们更要明白的是，在足球世界中，卫冕世界杯有多难，尤其是当代足球，不进则退。有人责怪里皮重用老将，可四年前的功臣，又如何能一下子弃用？意大利足球资源的匮乏和联赛的退步，更不是里皮能解决的问题。在意大利足球的大环境下，里皮的"二进宫"显得有心无力。

其实从意大利队百年历史来看，球星作用往往小于团队。而团队的战斗力，又往往在赛事后期才展现出来，这和民族性格特点有关系。意大利是个慢热的民族。如果2010年里皮的国家队冲出小组赛，加上皮尔洛的复出，那其他强队估计要担心早期没有状态的意大利队了。

推陈出新也是足球世界的永恒真理。里皮的离去，普兰德利的上任……意大利足球展现出了一幅新画面。普兰德利对进攻足球的追逐，巴洛特利等新人冒头，加上皮尔洛和布冯这批元老最后的能量爆发使意大利队在2014年世界杯上依然是热门之一。当然，我们仍然要有意大利慢热的思想准备。只要小组出线，意大利队绝对是任何人都不愿碰到的硬骨头。逆境而上的作风使意大利队往往在最不被人看好的情况下取得突破。

无论黑夜多长，雾霾多浓，天空终将呈现蓝色。意大利足球还将继续书写蓝色传奇。

# 附　录

表1　历届世界杯意大利队成绩

| 年份 | 成绩 | 比赛数 | 胜 | 平 | 负 | 进球数 | 失球数 |
|---|---|---|---|---|---|---|---|
| 1930年乌拉圭世界杯 | 未参赛 | | | | | | |
| 1934年意大利世界杯 | 冠军 | 5 | 4 | 1 | 0 | 12 | 3 |
| 1938年法国世界杯 | 冠军 | 4 | 4 | 0 | 0 | 11 | 5 |
| 1950年巴西世界杯 | 小组赛 | 2 | 1 | 0 | 1 | 4 | 3 |
| 1954年瑞士世界杯 | 小组赛 | 3 | 1 | 0 | 2 | 6 | 7 |
| 1958年瑞典世界杯 | 未晋级 | | | | | | |
| 1962年智利世界杯 | 小组赛 | 3 | 1 | 1 | 1 | 3 | 2 |
| 1966年英格兰世界杯 | 小组赛 | 3 | 1 | 0 | 2 | 2 | 2 |
| 1970年墨西哥世界杯 | 亚军 | 6 | 3 | 2 | 1 | 10 | 8 |
| 1974年德国世界杯 | 第1轮小组赛 | 3 | 1 | 1 | 1 | 5 | 4 |
| 1978年阿根廷世界杯 | 殿军 | 7 | 4 | 1 | 2 | 9 | 6 |
| 1982年西班牙世界杯 | 冠军 | 7 | 4 | 3 | 0 | 12 | 6 |
| 1986年墨西哥世界杯 | 1/8决赛 | 4 | 1 | 2 | 1 | 5 | 6 |
| 1990年意大利世界杯 | 季军 | 7 | 6 | 1 | 0 | 10 | 2 |
| 1994年美国世界杯 | 亚军 | 7 | 4 | 2 | 1 | 8 | 5 |
| 1998年法国世界杯 | 1/4决赛 | 5 | 3 | 2 | 0 | 8 | 3 |

续上表

| 年份 | 成绩 | 比赛数 | 胜 | 平 | 负 | 进球数 | 失球数 |
|------|------|--------|----|----|----|--------|--------|
| 2002年韩日世界杯 | 1/8决赛 | 4 | 1 | 1 | 2 | 5 | 5 |
| 2006年德国世界杯 | 冠军 | 7 | 5 | 2 | 0 | 12 | 2 |
| 2010年南非世界杯 | 小组赛 | 3 | 0 | 2 | 1 | 4 | 5 |
| 2014年巴西世界杯 | | | | | | | |
| 总计 | 总排名第2，6次杀入决赛，4次夺冠 | 80 | 44 | 21 | 15 | 126 | 74 |

### 表2 历届世界杯意大利队主教练[①]

| 年份 | 主教练姓名 |
|------|------------|
| 1930年乌拉圭世界杯 | 未参赛 |
| 1934年意大利世界杯 | 维多利奥·波佐（Vittorio Pozzo） |
| 1938年法国世界杯 | 维多利奥·波佐（Vittorio Pozzo） |
| 1950年巴西世界杯 | 费鲁奇奥·诺沃（Ferruccio Novo） |
| 1954年瑞士世界杯 | 拉约什·蔡斯勒（Lajos Czeizler） |
| 1958年瑞典世界杯 | 未晋级 |
| 1962年智利世界杯 | 保罗·马扎（Paolo Mazza） |
| 1966年英格兰世界杯 | 艾德蒙多·法布里（Edmondo Fabbri） |

① 1967年以前，意大利国家队由一个专门的教练委员会负责带队、训练，并无固定主教练人选，这里统一以国际足联官网给出的为准，参见http://www.fifa.com/tournaments/archive/worldcup/chile1962/teams/team=43954/index.html

续上表

| 年份 | 主教练姓名 |
|---|---|
| 1970年墨西哥世界杯 | 费鲁奇奥·瓦尔卡雷吉（Ferruccio Valcareggi） |
| 1974年德国世界杯 | 费鲁奇奥·瓦尔卡雷吉（Ferruccio Valcareggi） |
| 1978年阿根廷世界杯 | 恩佐·贝阿尔佐特（Enzo Bearzot） |
| 1982年西班牙世界杯 | 恩佐·贝阿尔佐特（Enzo Bearzot）） |
| 1986年墨西哥世界杯 | 恩佐·贝阿尔佐特（Enzo Bearzot） |
| 1990年意大利世界杯 | 阿泽利奥·维奇尼（Azeglio Vicini） |
| 1994年美国世界杯 | 阿里戈·萨基（Arrigo Sacchi） |
| 1998年法国世界杯 | 切萨雷·马尔蒂尼（Cesare Maldini） |
| 2002年韩日世界杯 | 乔瓦尼·特拉帕托尼（Giovanni Trapattoni） |
| 2006年德国世界杯 | 马切洛·里皮（Marcello Lippi） |
| 2010年南非世界杯 | 马切洛·里皮（Marcello Lippi） |
| 2014年巴西世界杯 | 切萨雷·普兰德利（Cesare Prandelli） |

### 表3　历届世界杯意大利队队长

| 年份 | 队长姓名 |
|---|---|
| 1930年乌拉圭世界杯 | 未参赛 |
| 1934年意大利世界杯 | 詹皮耶罗·孔比（Gianpiero Combi） |
| 1938年法国世界杯 | 朱塞佩·梅阿查（Giuseppe Meazza） |
| 1950年巴西世界杯 | 里卡多·卡拉佩莱塞（Riccardo Carapellese） |
| 1954年瑞士世界杯 | 詹皮耶罗·博尼佩尔蒂（Giampiero Boniperti） |

续上表

| 年份 | 队长姓名 |
|---|---|
| 1958年瑞典世界杯 | 未晋级 |
| 1962年智利世界杯 | 洛伦佐·布冯（Lorenzo Buffon） |
| 1966年英格兰世界杯 | 桑德罗·萨尔瓦托雷（Sandro Salvadore） |
| 1970年墨西哥世界杯 | 贾琴托·法切蒂（Giacinto Facchetti） |
| 1974年德国世界杯 | 贾琴托·法切蒂（Giacinto Facchetti） |
| 1978年阿根廷世界杯 | 迪诺·佐夫(Dino Zoff) |
| 1982年西班牙世界杯 | 迪诺·佐夫(Dino Zoff) |
| 1986年墨西哥世界杯 | 加埃塔诺·西雷阿（Gaetano Scirea） |
| 1990年意大利世界杯 | 朱塞佩·贝尔戈米（Giuseppe Bergomi） |
| 1994年美国世界杯 | 弗兰科·巴雷西（Franco Baresi） |
| 1998年法国世界杯 | 保罗·马尔蒂尼（Paolo Maldini） |
| 2002年韩日世界杯 | 保罗·马尔蒂尼（Paolo Maldini） |
| 2006年德国世界杯 | 法比奥·卡纳瓦罗（Fabio Cannavaro） |
| 2010年南非世界杯 | 法比奥·卡纳瓦罗（Fabio Cannavaro） |
| 2014年巴西世界杯 | 詹路易吉·布冯（Gianluigi Buffon） |

## 表4　历届世界杯意大利队10号

| 年份 | 球员姓名 |
|---|---|
| 1930年乌拉圭世界杯 | 未参赛 |
| 1934年意大利世界杯 | 球员球衣未印号码 |
| 1938年法国世界杯 | 球员球衣未印号码 |
| 1950年巴西世界杯 | 不固定 |
| 1954年瑞士世界杯 | 吉诺·卡佩罗（Gino Cappello） |
| 1958年瑞典世界杯 | 未晋级 |
| 1962年智利世界杯 | 奥马尔·西沃里（Omar Sívori） |
| 1966年英格兰世界杯 | 安东尼奥·尤利亚诺（Antonio Juliano） |
| 1970年墨西哥世界杯 | 马里奥·贝尔蒂尼（Mario Bertini） |
| 1974年德国世界杯 | 贾尼·里维拉（Gianni Rivera） |
| 1978年阿根廷世界杯 | 罗梅奥·贝内蒂（Romeo Benetti） |
| 1982年西班牙世界杯 | 朱塞佩·多塞纳（Giuseppe Dossena） |
| 1986年墨西哥世界杯 | 萨尔瓦托雷·巴尼（Salvatore Bagni） |
| 1990年意大利世界杯 | 尼科拉·贝尔蒂（Nicola Berti） |
| 1994年美国世界杯 | 罗伯特·巴乔（Roberto Baggio） |
| 1998年法国世界杯 | 德尔·皮耶罗（Del Piero） |
| 2002年韩日世界杯 | 弗朗切斯科·托蒂（Francesco Totti） |
| 2006年德国世界杯 | 弗朗切斯科·托蒂（Francesco Totti） |
| 2010年南非世界杯 | 安东尼奥·迪纳塔莱（Antonio Di Natale） |
| 2014年巴西世界杯 | 未定 |

## 表5　意大利队历届世界杯射手

| 年份 | 球员姓名（及进球数） |
|---|---|
| 1930年乌拉圭世界杯 | 未参赛 |
| 1934年意大利世界杯 | 斯基亚维奥（Angelo Schiavio）4球 |
| 1938年法国世界杯 | 皮奥拉（Silvio Piola）5球 |
| 1950年巴西世界杯 | 卡拉佩莱赛（Riccardo Carapellese）2球 |
| 1954年瑞士世界杯 | 博尼佩尔蒂（Giampiero Boniperti）、弗里尼亚尼（Amleto Frignani）、加利（Carlo Galli）、洛伦齐（BenitoLorenzi）、内斯蒂（Fulvio Nesti）、潘多尔菲尼（Egisto Pandolfini）各1球 |
| 1958年瑞典世界杯 | 未晋级 |
| 1962年智利世界杯 | 布尔加雷利（Giacomo Bulgarelli）2球 |
| 1966年英格兰世界杯 | 马佐拉（Sandro Mazzola）、巴里松（Paolo Barison）各1球 |
| 1970年墨西哥世界杯 | 里瓦（Gigi Riva）3球 |
| 1974年德国世界杯 | 安纳斯塔西（Pietro Anastasi）、卡佩罗（Fabio Capello）、贝内蒂（Romeo Benetti）、里维拉（Gianni Rivera）各1球 |
| 1978年阿根廷世界杯 | 罗西（Paolo Rossi）3球 |
| 1982年西班牙世界杯 | 罗西（Paolo Rossi）6球 |
| 1986年墨西哥世界杯 | 阿尔托贝利（Alessandro Altobelli）4球 |
| 1990年意大利世界杯 | 斯基拉奇（Salvatore Schillaci）6球 |
| 1994年美国世界杯 | 巴乔（Roberto Baggio）5球 |
| 1998年法国世界杯 | 维耶里（Cristian Vieri）5球 |
| 2002年韩日世界杯 | 维耶里（Cristian Vieri）4球 |

| 年份 | 球员姓名（及进球数） |
|---|---|
| 2006年德国世界杯 | 马特拉齐（Marco Materazzi）、托尼（Luca Toni）各2球 |
| 2010年南非世界杯 | 德罗西（Daniele De Rossi）、迪纳塔莱（Antonio Di Natale）、亚昆塔（Vincenzo Iaquinta）、夸利亚雷拉（Fabio Quagliarella）各1球 |

**表6 意大利队世界杯最伟大射手（世界杯总进球数最多球员）**

| 球员姓名 | 总进球数 |
|---|---|
| 罗伯特·巴乔（Roberto Baggio） | 9球 |
| 保罗·罗西（Paolo Rossi） | 9球 |
| 克里斯蒂安·维耶里（Christian Vieri） | 9球 |
| 萨尔瓦托雷·斯基拉奇（Salvatore Schillaci） | 6球 |
| 阿莱桑德罗·阿尔托贝利（Alessandro Altobelli） | 5球 |
| 西尔维奥·皮奥拉（Silvio Piola） | 5球 |
| 吉诺·科劳西（Gino Colaussi） | 4球 |
| 安杰洛·斯基亚维奥（Angelo Schiavio） | 4球 |
| 朱塞佩·梅阿查（Giuseppe Meazza） | 3球 |
| 拉伊蒙多·奥尔西（Raimundo Orsi） | 3球 |
| 吉吉·里瓦（Gigi Riva） | 3球 |
| 贾尼·里维拉（Gianni Rivera） | 3球 |

### 表7　世界杯总出场次数最多的意大利球员排名

| 球员姓名 | 出场次数 | 世界杯届次 |
|---|---|---|
| 马尔蒂尼<br>(Paolo Maldini) | 23 | 1990年、1994年、1998年、2002年 |
| 卡纳瓦罗<br>(Fabio Cannavaro) | 18 | 1998年、2002年、2006年、2010年 |
| 卡布里尼<br>(Antonio Cabrini) | 18 | 1978年、1982年、1986年 |
| 西雷阿<br>(Gaetano Scirea) | 18 | 1978年、1982年、1986年 |
| 佐夫<br>(Dino Zoff) | 17 | 1974年、1978年、1982年 |
| 贝尔戈米<br>(Giuseppe Bergomi) | 16 | 1982年、1986年、1990年、1998年 |
| 巴乔<br>(Roberto Baggio) | 16 | 1990年、1994年、1998年 |
| 布冯<br>(Gianluigi Buffon) | 12<br>（截至2010年世界杯） | 2002年、2006年、2010年<br>（截至2010年世界杯） |
| 皮耶罗<br>(Alessandro Del Piero) | 12 | 1998年、2002年、2006年 |
| 法切蒂<br>(Giacinto Facchetti) | 12 | 1966年、1970年、1974年 |

### 表8 参加四届世界杯的意大利队球员及场次

| 球员姓名 | 世界杯届次 | 场次 |
|---|---|---|
| 贾尼·里维拉<br>（Gianni Rivera） | 1962年、1966年、<br>1970年、1974年 | 9 |
| 朱塞佩·贝尔戈米<br>（Giuseppe Bergomi） | 1982年、1986年、<br>1990年、1998年 | 16 |
| 保罗·马尔蒂尼<br>（Paolo Maldini） | 1990年、1994年、<br>1998年、2002年 | 23 |
| 法比奥·卡纳瓦罗<br>（Fabio Cannavaro） | 1998年、2002年、<br>2006年、2010年 | 18 |
| 詹路易吉·布冯<br>（Gianluigi Buffon） | 1998年（入选大名单<br>但未出场）、2002<br>年、2006年、2010年 | 12 |

**图书在版编目（CIP）数据**

世界杯冠军志之意大利／体坛传媒编著. —成都：西南财经大学
出版社，2014.5
ISBN 978-7-5504-1378-8

Ⅰ.①世… Ⅱ.①体… Ⅲ.①足球运动—概况—意大利
Ⅳ.①G843.732

中国版本图书馆CIP数据核字（2014）第069536号

**世界杯冠军志之意大利**
体坛传媒　编著

责任编辑：张明星
助理编辑：刘佳庆
特约编辑：朱　莹
封面设计：李尘工作室
责任印制：封俊川

| | |
|---|---|
| 出版发行 | 西南财经大学出版社（四川省成都市光华村街55号） |
| 网　　址 | http://www.bookcj.com |
| 电子邮件 | bookcj@foxmail.com |
| 邮政编码 | 610074 |
| 电　　话 | 028-87353785　87352368 |
| 印　　刷 | 北京合众协力印刷有限公司 |
| 成品尺寸 | 165mm×230mm |
| 印　　张 | 18.75 |
| 彩　　插 | 20页 |
| 字　　数 | 195千字 |
| 版　　次 | 2014年5月第1版 |
| 印　　次 | 2014年5月第1次印刷 |
| 书　　号 | ISBN 978-7-5504-1378-8 |
| 定　　价 | 40.00元 |

2006年3月15日，国际足联代表马科恩女士宣布《体坛周报》成为国际足联中国地区官方合作媒体。

巴西球王贝利展示刊有自己报道的《足球周刊》。

2012年欧洲杯决赛夺冠后，西班牙队主帅博斯克拿着《体坛周报》欧洲杯期间的头版作秀。

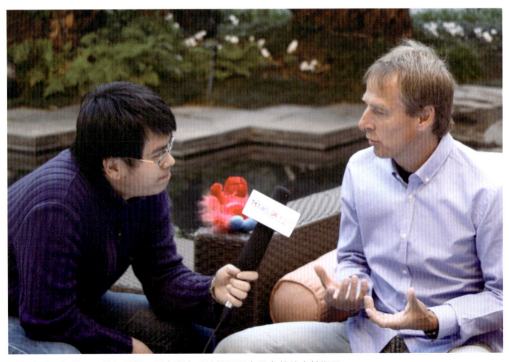

2006年世界杯前，《体坛周报》记者张力采访德国国家队主教练克林斯曼。

《体坛周报》记者滨岩为梅西颁发金靴奖。

前法国著名球员，欧足联主席普拉蒂尼。

米卢蒂诺维奇与《体坛周报》世界杯出线号外特刊合影。

意大利球星皮尔洛与本书作者合影。